D1985235

fiftyfifty

Edition
Straßenmagazin
Galerie

Du kannst viel entdecken,
wenn du einem
kaum beachtenswerten
Stück Natur
Beachtung schenkst.
Vielleicht dich selbst.

Kurt Dörpinghaus

Das verlorene Paradies

Geschichten von Mensch und Tier

fiftyfifty

Edition
Straßenmagazin
Galerie

Ungekürzte Ausgabe

Text & Fotos: Kurt Dörpinghaus
Lektorat: Hubert Ostendorf
fiftyfifty-Edition Düsseldorf
Jägerstraße 15, 40231 Düsseldorf
Fon 0211/9216284
Fax 0211/9216389
E-Mail fiftyfifty@zakk.de
www.zakk.de/fiftyfifty
Erste Auflage: August 2001
Satz & Layout: fiftyfifty
Druck & Bindung: Ordensgemeinschaft-
Beschäftigungshilfe 0211/44939870
Gedruckt auf Recyclingpapier
ISBN 3-9807400-2-1

„Denn es geht dem Menschen wie dem Vieh.
Wie dies stirbt, so stirbt er auch.“
Kohelet

Vorwort ... 6
Streunende Hunde ... 8
Suche nach einem neuen Herrn ... 10
Peter und Paul ... 12
Wie Rex mit Onkel Josef zum Erschießen ging ... 14
Die Geschichte vom Herrn mit den zwei Gesichtern ... 16
Köter Paul stöbert einen Freund auf ... 18
Kopfgeld für streunende Hunde ... 20
Das Vaterunser für einen Hund ... 22
Die Beerdigung aus der Ferne ... 28
Klassenfoto ... 31
Die Geschichte vom Schaf und der weichen Landung ... 34
Das Osterlamm ... 36
Das Zwitschern des Sittichs ... 37
Der Sonnenuntergang des Kindes ... 40
Das Stahlross und der Droschkengaul ... 49
Der Berber und der ausgediente Droschkengaul ... 51
Der Droschkengaul macht sich davon ... 57
Der Baum erzählt sein Sterben ... 59
Der Fabelbaum ... 62
Die Begegnung mit dem eigenen Selbst ... 65
Heinrich, was machst du hier? ... 68
Das wundersame Mädchen Claudia ... 72
Claudia und die Äffin ... 74
Die Unterwerfung des Esels ... 76
Adam und der Stier ... 78
Toro und Torero ... 80
Claudia und die Ratten ... 83
Streitgespräche zwischen Ratte, Katze, Hund und Affe ... 86
Die Weissagung der Ratte ... 92
Der letzte Sprung von Bastard Paul ... 95
Das Wunder des Heiligen Stoffel ... 98
Die Stunde der Äffin ... 102
Der Traum des Affen ... 104
Nachwort: Das Projekt fiftyfifty ... 108

Vorwort

Kurt Dörpinghaus (Jahrgang 1921) ist ein Suchender. Mit der Fotokamera findet er Fratzen und Gesichter, Tiere, Gespenster, berühmte Persönlichkeiten und nicht zuletzt sich selbst in der Rinde eines alten Olivenbaumes oder in Steinen. Er entdeckt in den Tieren, die er erfindet, dem Köter Paul, der Äffin Cisca, der Rättin Evelyn und anderen, elementar menschliche Züge. Er lässt die Tiere und Pflanzen die Bedrohung der Schöpfung aus ihrer Sicht erzählen. Um dieses Urthema, den Verlust des Paradieses durch Zerstörung von Adam bis heute, ranken sich Fabeln, Gedichte und Gespräche zwischen Mensch und Tier. Immer ist von den Kleinen, den Randständigen, den Obdachlosen und den armen Hunden, die sich durchschlagen müssen, die Rede. Die menschliche Sicht wird in die Perspektive der Tiere verschoben. Der Mensch erscheint dabei als Täter und Opfer zugleich. Dörpinghaus, der jahrzehntelang ziel- und konsumgerichtete Texte schrieb, hat sich, eigener Aussage gemäß, nach seinem Ausscheiden aus der Werbung entschlossen, „zweck- und nutzfrei“ zu arbeiten. Seine zentralen Themen sind die zunehmende Entfremdung des Menschen von der Natur und die Konfrontation mit dem Ende des Lebens. Indem Dörpinghaus selbst den Sterbenden eine unantastbare Würde verleiht, impft er den Lebenden ohne moralisierenden Unterton Respekt und Solidarität ein, die nicht hauptsächlich auf eine Vertiefung vorhandenen Wissens sondern viel mehr auf eine Verhaltensänderung ausgerichtet sind. Mit feinfühliger Sprache zeichnet er so ein Bild von der Zerbrechlichkeit des Glücks, von der leidenden Kreatur, von Freundschaft und Liebe. Schließlich fügt Dörpinghaus seinen Texten bildnerische Darstellungen bei. Wer genau hinsieht, kann in den Fotos das verlorene Paradies wieder entdecken. Und wer sich selbst auf die Suche macht, wird früher oder später grundsätzliche Einsichten über das Eingebundensein des Menschen in natürliche Zusammenhänge gewinnen und dabei am Ende vielleicht sich selbst finden.

Hubert Ostendorf, fiftyfifty

Streunende Hunde

Seit Wochen lebte er am Strand. Das Alleinsein fraß ihn auf. Er musste wieder einmal unter Menschen sein, Worte hören, Augen ausspähen, Nähe spüren. Spätabends ging er in die Kneipe. Nur noch die waren da, die nichts zu erwarten hatten als eine einsame Nacht. Schweigsam wie die hockte er draußen auf der Mauer und schnappte nach jedem kühlen Windhauch, den das Meer herüberblies. Zu seinen Füßen wimmelte es von Hunden, die meisten ohne Halsband – herrenlos.

Einige hielten sich abseits. Sechs waren es, Bastarde, gemischt aus allen Rassen. Dicht bei dicht lagen sie im Rinnstein. Sie hatten alles im Auge, nahmen jedes Geräusch wahr. Sie warteten. Auf ihre Herren. Aber die waren nicht mehr da. Mit dem versiegenden Touristenstrom hatten sie ihre Koffer gepackt und waren weggeflogen, nordwärts, ostwärts, südwärts – irgendwohin. Die zurückgelassenen Köter wollte keiner haben, keiner verjagen. Wenig später würden sie doch wieder an der gleichen Stelle liegen. Die Polizei würde das Problem lösen.

Sie lagen dicht bei dicht, als ob sie ahnten, dass es für streunende Hunde gut ist, in Witterung zu bleiben. Wie bei jedem Rudel gab es einen Leithund. Es war die abgebrochene Deutsche Dogge, bei der ein Drahthaarterrier dafür gesorgt hatte, dass der Körper auf ein kleines Maß reduziert worden war. Aber der Kopf des Hundes war ganz der einer Deutschen Dogge. Wenn sie den Kopf hob, hoben auch die anderen Köter den Kopf und starrten genau in die Richtung, in die die Dogge äugte. Fiel die Aufmerksamkeit der Dogge in sich zusammen, so, dass sie ihren Kopf senkte, ließen auch die anderen ihren Kopf sinken.

Hochschauen, lauschen, Kopf auf den Boden legen, dieses Spiel wiederholte sich alle paar Minuten. Aber der Mann konnte nicht herausbekommen, worauf die Dogge ansprach, wenn sie ihren Kopf hob und die Muskeln spannte. Mal hörte er einen Pfiff, mal die Fehlzündung eines Motorradmotors, mal etwas Undefinierbares.

Plötzlich rief eine Männerstimme in hohem Ton. Schon stand die Dogge auf allen Vieren und trottete los. Fast gleichzeitig standen die anderen fünf auf und folgten ihr. Jetzt trotteten die sechs so dicht hintereinander, dass zwischen Schnauze und Rosette nur eine Handbreit Platz war. Sie liefen bis zur Ecke, kamen zurück, liefen in die entgegengesetzte Richtung, wiederholten das, bis die Dogge verharrte, ratlos eine Weile stehen blieb, um sich dann langsam an den Ausgangspunkt zurückzubewegen, wo sie sich hinlegte und die anderen Hunde auch. Da lagen sie wieder und warteten.

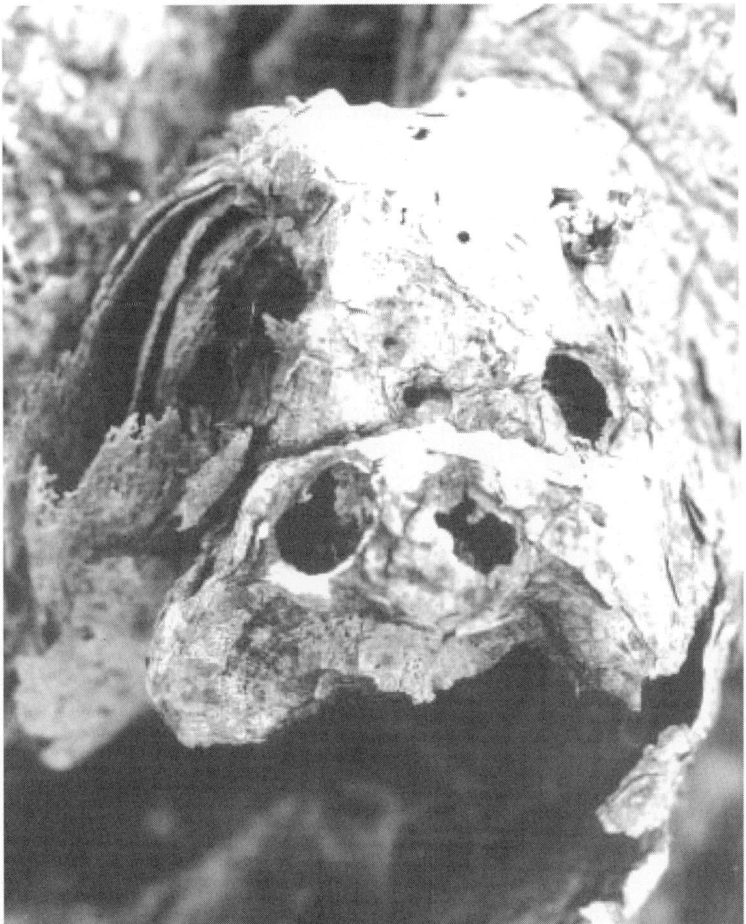

Suche nach einem neuen Herrn

Im Dämmerlicht zwischen Nacht und Tag trottete der Mann über den Strand zurück. Ihm folgte ein Hund. Er tat, als bemerkte er ihn nicht, aber aus den Augenwinkeln nahm er wahr, dass der Hund sich benahm, als ob er schon immer bei ihm gewesen sei. Er witterte und sicherte, markierte die wichtigsten Punkte mit einem Spritzer Urin und tat, als ob er bereit sei, sich für seinen Herrn zerfleischen zu lassen.

Er kannte den Hund wieder. Es war einer von den sechs Kötern, die vor der Inselkneipe im Rinnstein gelegen hatten. Nicht der Leithund war er, nein, das Schlusslicht: der lausige, struppige Köter mit dem rotbraunen Fell und den hellen, flinken Augen. Der Mann hatte ihn im Weggehen einmal kurz gestreichelt und das hatte dem Köter gereicht, ihm zu folgen.

Am Natursteinhaus ging der Mann zu seinem „Sommerbett“: ein verblichener Segelfetzen, zwischen zwei Pinien dicht über dem Boden aufgehängt, in dem sein Schlafsack lag. Er zog sich aus, kroch in die Schlafsackröhre, angelte sich die Weinflasche, die zwischen Wurzeln versteckt war, zog den Korken mit den Zähnen aus der bereits angebrochenen Flasche und nahm stöhnend einen kräftigen Schluck. Er verschränkte die Arme hinter dem Kopf und starrte in die Sterne. Bald würde er einschlafen. Der Hund? Der hatte kapiert, dass er ihn nicht mochte und sich davongemacht.

Als der Mann sich im Halbschlaf auf die Seite drehte, spürte er, dass er beobachtet wurde. Er blinzelte in die sternenlichthelle Nacht. Zwei, drei Meter vom Schlafsack entfernt hatte der Hund es sich bequem gemacht. Den Kopf auf die Vorderpfoten gelegt, sah das Tier ihn aufmerksam an und wedelte müde mit dem Schwanzende. Dann schloss er die Augen. Auch der Mann schloss sie. Aber aus den Augenschlitzen blinzelte er hinüber zum Hund, der das gleiche tat. Irgendwann machte der Schlaf dem Spielchen ein Ende.

In der Frühe, die Sonne kroch gerade über den Klippen im Osten empor, wurde er durch ein Knurren wach. Der Hund stand auf allen Vieren und äugte mit einem leichten Grummeln im Hals zum Meer. „Halt’s Maul, Köter, das ist ein Freund von mir. Der geht zu seinem Boot, um ein paar magere, kleine Fische zu angeln. Mehr gibt das Meer, leergefischt wie es ist, nicht her.“

Was macht der Köter eigentlich noch hier? Maßt sich Rechte an, die ihm nicht zustehen. Vermiest mir Freunde. Langsam schälte sich der Mann aus dem

Schlafsack, warf den Arm mit ausgestrecktem Zeigefinger nach vorn und brüllte: „Hau ab, Hund.“ Er brüllte so laut und so böse wie er konnte. Aber so leicht lässt sich ein Hund, der durch viele Hände gegangen ist – harte und weiche, sanfte und grausame -, der also zu unterscheiden weiß zwischen einer Stimme, die sich böse gibt und einer, die böse ist, nicht vertreiben. Nicht einen Zentimeter war der Hund von der Stelle gewichen. Nur den Kopf hielt er schräg, als ob er neugierig darauf sei, was dieser Mensch noch alles anstellen mochte. Der Mann bückte sich, klaubte einen Kieselstein auf, wog ihn in der Hand und sagte barsch: „Damit zerschmettere ich deinen Schädel, wenn du nicht abhaust.“

Der Hund tat erfreut, hockte sich auf die Hinterpfoten und schaute erwartungsvoll. Der Mann hob den Arm, schwang ihn langsam, fast bedächtig, hin und her und tat, als ob er den Stein auf den Köter werfen würde. Der stellte sich sprungbereit auf die Hinterbeine und schaute den Mann erwartungsvoll an.

Ein gerissener Bastard, dachte der Mann. Dem ist mit Mätzchen nicht beizukommen. Der braucht Tritte. Und wenn er einer von den harten Burschen ist, dann steckt er auch die weg, nur um einen beschissenen Herrn zu haben. Und wer weiß, vielleicht hat sich bei den Kötern herumgesprochen, dass die Polizei wieder mal Jagd auf alles macht, was ohne Halsband ist, im Rudel oder allein herumstreunt und sich in der Nähe von Bauernhäusern herumtreibt. Im vergangenen Winter waren schließlich einige hundert Hühner und einige Dutzend Schafe gerissen worden.

Der Mann zuckte die Schultern und warf den Stein lustlos und ohne Schwung über den Kopf des Hundes hinweg ins Gelände. Der Köter warf sich herum, sauste los und kam mit dem Stein im Maul zurück. So fängt es an, dachte der Mann, drehte sich um und ging in das Haus. Hinter sich warf er die Haustür dem Hund vor der Nase zu.

Langsam legte sich der Köter, die Nasenspitze am Schlitz zwischen Boden und Haustür plaziert, durch den der Geruch von gebackenem Speck drang, auf der Steinplatte ab. Davon werde ich schon meinen Teil abkriegen, dachte er, schließlich kannte er den Menschen. Fürs erste war nicht mehr zu tun als liegen zu bleiben und abzuwarten – wie damals, als er sich den riesengroßen Peter, dessen breite Pranken die sanftesten waren, die er je kennen gelernt hatte, zum Herrn erkoren hatte.

Peter und Paul

Peter war einer von der sanften Art. Bei ihm wusste ich vom ersten Augenblick an: Das ist er. Um ihn zu gewinnen, ging ich vorsichtig zu Werk. Als er eines Tages mit seinen Auto angefahren kam, legte ich mich mitten auf den Sandweg und blickte ihm entgegen. Peter sah mich erst sehr spät. Er machte ein entsetztes Gesicht, die Reifen quietschten, Sandkörner flogen mir um die Ohren, aber ich wusste, er würde den Wagen kurz vor meiner Schnauze zum Stehen bringen. Peter sprang heraus und schrie mich an: „Du bist wohl verrückt! Hast du keine Augen im Kopf? Hau ab, sonst fahr ich dich über den Haufen." Ich wedelte heftig mit dem Schwanz und blieb liegen.
Peter drehte sich um, stieg in den Wagen, setzte zurück und lenkte das Fahrzeug langsam wieder auf mich zu. Immer näher kam er, aber ich blieb liegen. Peter fuhr den Wagen haarscharf an mir vorbei und fluchte: „Verdammter Köter, du." Lachen schwang in seiner Stimme.
Beim nächsten Mal lag ich wieder in der Furche auf dem Sandweg. Peter schien sich nicht zu wundern. Er stieg aus und legte sich bäuchlings vor mich. Sein Kopf war dicht vor meinem. Wir sahen uns an. Seine Augen waren offene Fenster. Ich konnte hineinsehen. Er ist ohne Falsch und er mag mich, das sah ich. Aufmunternd wedelte ich mit dem Schwanz. Langsam streckte er seine Hand aus und griff in mein Fell. Ich spürte: Er packt zu wie ein Herr, aber sein Griff ist gerecht wie der Biss der Mutter, die ihr Kind zur Ordnung ruft.
„Bist wohl alleine, Hund", sagte Peter, „Alleine, wie ich. Brauchst wohl jemanden." Seine Stimme ist tief, dachte ich. Nichts Schrilles ist darin. Ich jaulte los. Mein Schwanz fegte über den Boden und wirbelte Sand auf. Ja, ich bin alleine und brauche einen Herrn, so wie du einen Hund brauchst, jaulte ich.
„Ich würde dich ja nehmen", lenkte er ein, „aber es geht nicht. Bald muss ich weg und dann bist du wieder alleine. Nein, Hund, auch wenn du mich noch so anschaust, vergiss es." Während Peter mich streichelte, sagte er streng: „Also hau ab, Alter." Ohne mich noch einmal anzusehen, stieg er in den Wagen und fuhr zu seinem Haus.
Der und kein anderer, dachte ich und lief los. Als er ausstieg, war ich bereits zur Stelle. Freudig bellte ich und sprang an ihm hoch. Peter war gerührt. Er zog meinen Kopf an sich und presste ihn gegen sein Bein. Ich wusste: Ich hatte gewonnen. Ich hatte wieder einen Herrn. „Komm rein, Hund", grollte Peter.

Er grinste und sagte: „Ich nenne dich Paul. Ich heiße Peter. Peter und Paul, das passt wie Topf und Deckel.“ Er zeigte auf sich und sagte: „Ich Peter.“ Dann zeigte er auf mich und sagte: „Du Paul.“ Immer wieder sagte er das, mit einem Finger mal auf sich, mal auf mich zeigend: „Ich Peter, du Paul. Kapiert, Paul?“ Und ob ich kapiert hatte!

Irgendwann brachte er ein Halsband und eine Leine mit. Na endlich, dachte ich. Aber Peter ließ sich Zeit. „Vielleicht hast du noch nie ein Halsband umgehabt“, sagte er. „Die Dinger würgen und tun weh. Ich jedenfalls möchte keins umhaben. Muss aber sein, Paul. Die Zeiten sind schlecht für streunende Hunde. Sei schön brav und beiß nicht, wenn ich dich jetzt an die Leine nehme.“ Vorsichtig stülpte er mir das Band um den Hals. Aufmerksam beobachtete er mich, doch als er sah, wie ich vor Stolz wuchs, wie Leuchten in meine Augen kam, war er selig. Selig wie ich, denn ich hatte endlich wieder einen Herrn.

Eines Tages packte Peter seine Sachen zusammen und sagte: „Ich hab dich gewarnt, Paul. Jetzt ist es soweit. Ich muss weg. Mitnehmen kann ich dich nicht. Am besten suchst du dir einen neuen Herrn.“

Mir war schwer ums Herz. Ich wusste, was Peter meinte. Als er in den Wagen stieg, hatte er Tränen in den Augen. Mit einem „Machs gut, Alter“ schlug er mir die Tür vor der Nase zu und fuhr schnell davon. Ich lief ihm nach, bis ich nicht mehr konnte. Dann trottete ich zurück. Noch lange trieb ich mich in der Nähe seines Hauses herum. Aber Peter kam nicht wieder.

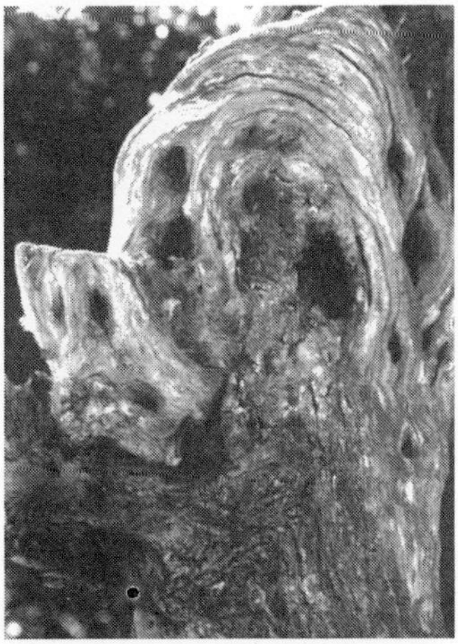

Wie Rex mit Onkel Josef zum Erschießen ging

„Was ich schon immer fragen wollte", druckste Köter Paul herum. „Hattest du vor mir mal einen Hund?" Heute wollte Paul offensichtlich eine Geschichte aus dem Leben des Mannes hören. Der Mann spann einen langen Faden in die Vergangenheit. Er hatte mal einen Onkel. Der hatte einen Hund. Der hieß Rex und Rex war sein Freund ...
Paul hing an den Lippen des Mannes und lauschte.
„Ich war damals ein Dreikäsehoch. Rex und ich – wir mochten uns. Rex war ein großer schwarzhaariger Hund, der mehr fraß als er durfte. Wenn ich kam, schoss er – so dick er auch war – aus der Hütte, sprang hoch und platsch, lagen seine Vorderpfoten auf meinen Schultern. Ich knickte ein, taumelte zurück, packte ihn um dem Leib und wir machten, um im Gleichgewicht zu bleiben, Ringel-Ringel-Reihe, linksherum, rechtsherum. Komisch muss das ausgesehen haben." Der Mann grinste.
„Der Hund und ich, beide gleich groß, machten ihr Tänzchen. Rex fuhr mir dabei mit seiner breiten Zunge durchs Gesicht. Ich hab Augen und Mund zugemacht und geschrien: Rex, der darf das. Zuletzt waren wir so taumelig, dass wir umfielen. Ja, so war das damals."
Nach einer Pause fuhr der Mann fort: „Ich ließ Rex mein Gesicht schlecken, dafür durfte ich in seine Hütte kriechen und neben ihm liegen. Später wurde Rex so fett, dass er kaum noch aus der Hütte kam. Er klappte nur noch ein Augenlid hoch und blinzelte prüfend, ob er richtig gerochen hatte. Ganz zuletzt wedelte er nur noch mit seinem Schwanzstumpf, wenn er mich begrüßte. Das war zur Zeit, als Rex mit Onkel Josef zum Erschießen ging.
Der Onkel trug damals einen Kittel, einen weißen Metzgerkittel. Aus der Seitentasche lugte der Griff einer Pistole. Rex, der keine Pistole kannte und nicht wusste, dass sie tötete, trottete vertrauensvoll hinterher. Ich aber kannte die Pistole und ahnte, was der Onkel vorhatte. Als er ging, fragte ich, ob ich mitdurfte. Der Onkel schüttelte den Kopf und schritt mit Rex an der Seite an mir vorbei. Beide verschwanden im nahen Wäldchen.
Ich schlich ihnen nach. Auf einer kleinen Lichtung sah ich sie. Verdeckt durch einen Strauch konnte ich sie beobachten: Der Onkel saß auf einem Baumstumpf und redete auf Rex ein. Rex sah mit schräg geneigtem Kopf zu seinem

Herrn hoch, sein Stumpfende wedelte. Mit der einen Hand kraulte Onkel Josef den Hund, in der anderen hielt er die Pistole.
Seine Hand zitterte, als er Rex den Pistolenlauf an die Schläfe legte. Langsam zog der Onkel seine Beine zurück und drehte den Kopf zur Seite. Ich hielt den Atem an, denn ich wusste, was kam. Endlich krachte der Schuss. Er traf den Kopf des Hundes wie ein Hammer. Rex flog ein Stück weg und sackte zu Boden. Er zuckte noch ein paarmal, dann streckte er alle Viere weit von sich. Entsetzt lief ich davon.
Kurz darauf ging ich noch einmal ins Wäldchen. Die Neugierde trieb mich hin. Ich wollte sehen, was aus Rex geworden war. Er lag nicht mehr da. Damals tröstete ich mich mit der Vorstellung eines Hundehimmels."
Paul quittierte das Ende der Geschichte mit einem in Falten gezogenen Maul und sagte: „Was soll sein, wenn ein Hund stirbt? Alles was fressbar an ihm ist, wird gefressen. Aber" – Paul richtete sich auf – „es gibt da was in uns, was man nicht fressen kann. Wie soll ich es dir erklären? Ich kann dir nur sagen, was mir meine Mutter erzählt hat, die es wiederum von ihrer Mutter hat. Meine Mutter sagte: Jeder hat seinen letzten Sprung. Dazu braucht er keine Pfoten. Es ist der große Sprung, mit dem er über Täler, Höhen, Seen, Felder, Wälder setzt und der nie endet."
Ach, wäre es doch bei uns ähnlich, dachte der Mann. Köter Paul schien seine Gedanken zu erraten: „Hab ich dir schon die Geschichte von dem Herrn erzählt, der durch die Decke entschwebte?"
„Nein." Der Mann streckte sich neben dem Hund aus und schloss die Augen, um der Geschichte zu lauschen.

Die Geschichte vom Herrn mit den zwei Gesichtern

„Ich hatte mal einen Herrn", begann Köter Paul ...
Mein Herr hatte zwei Gesichter, ein lustiges und ein ernstes. Das ernste setzt er auf, wenn er mich bestrafte. Lustig war es, wenn er mit mir draußen spielte.
Eines Tages lag mein Herr in seinem Bett und trug sein allerernstestes Gesicht. Um sein Bett war die Familie versammelt. Alle knieten und murmelten traurige Worte. Es ging meinem Herrn sehr schlecht. Er stöhnte. Nur mit Mühe konnte er seine Hand über den Bettrand schieben, um mich zu streicheln. Ich spürte die Berührung kaum, so leicht war sie. Zuletzt hing seine Hand schlaff herunter. Um zu zeigen, dass ich da war und ihn bewachte, leckte ich sie ab. Sie schmeckte anders als sonst: bitter und säuerlich schmeckte sie, und ein fauliger Geruch entströmte ihr. Da wusste ich, dass es mit meinem Herrn zu Ende ging.
Etwas Unheimliches kam in den Raum. Ich spürte es, sah es aber nicht. Ich knurrte, stellte meine Ohren hoch, sträubte mein Fell. Ein eiskalter Hauch streifte mich. Ich stellte mich tot.
Aber der kalte Hauch zog an mir vorbei. Er zog zu meinem Herrn. Neugierig blinzelte ich durch die Augenlider und sah: Mein Herr erschauerte. Klagend seufzte er, sein Kopf fiel zur Seite, der Funke in seinen Augen erlosch.
Da geschah etwas Wundersames: Aus meinem Herrn trat mein Herr heraus. Wie das? Hatte ich jetzt zwei Herren? Ja, es waren zwei: Der im Bett war der mit den ernsten Zügen. Und der, der sich erhob, war der mit den lustigen Zügen. Ja, mein Herr stand lächelnd auf. In seinem langen weißen Nachthemd schwebte er durch den Raum auf seine Frau zu, aber die sah ihn nicht. Entsetzt starrte sie auf den im Bett liegenden Herrn mit der erns-ten Miene und rief: Nun ist er von uns gegangen! Lächelnd sah mein Herr auf sie herab und streichelte ihr Haar. Dann schwebte er von einem zum anderen und von jedem verabschiedete er sich, indem er ihn in seine Arme schloss. Aber keiner bemerkte es. Jetzt – ich konnte es kaum erwarten – schwebte mein Herr zu mir herüber. Er durchquerte Bett und Schrank, als ob es sie nicht gäbe. Ich hielt ihm meine Pfote hin. Er nahm sie, schüttelte sie und sagte leise: „Hüte dich vor denen da. Sie wollen dich nicht mehr." Dann hob er die Hand und sagte: „Das ist mein letzter Befehl. Lauf so schnell du laufen kannst. Lauf, lauf, lauf." Wäh-

rend er das sagte, schwebte er empor, durch die Decke, durch das Dach. Langsam sah ich ihn entschwinden. ...
Köter Paul seufzte: „Wie mein Herr es mir befahl, lief ich weg. Seit damals bin ich unterwegs, mal hier, mal da, und meine Herren wechseln öfter als die Jahreszeiten.“

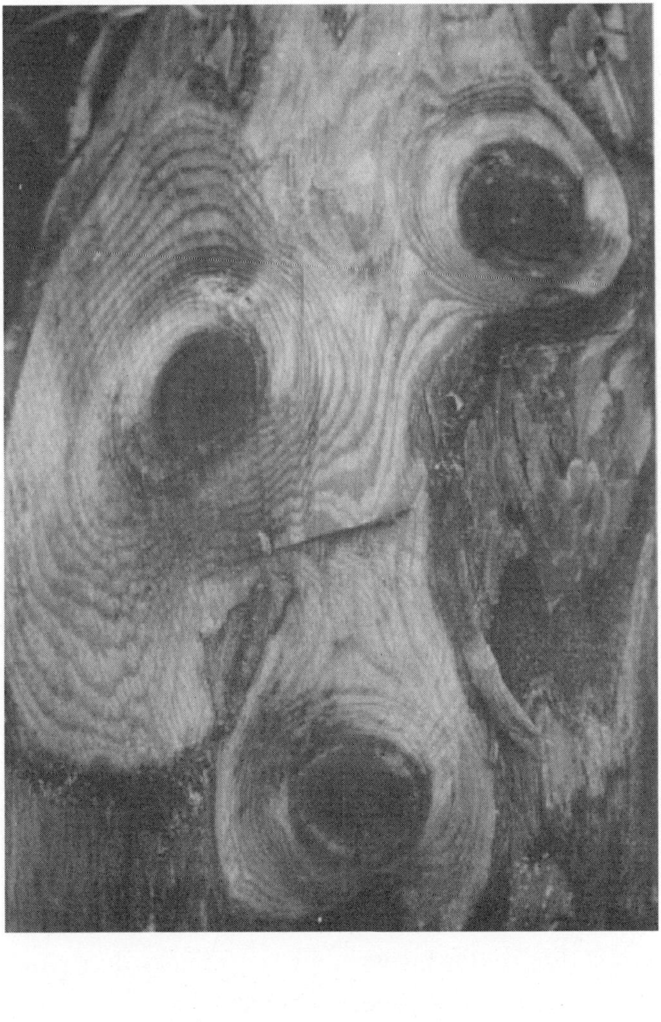

Köter Paul stöbert einen Freund auf

Sie waren bei ihrem üblichen Morgengang, als Köter Paul sich plötzlich aus einem herumspringenden Spaßmacher in einen scharfen, hellwachen Hund verwandelte. Er stieß seine Schnauze nach unten, schnupperte, bellte warnend und lief – dem Geruch folgend – in Schlangenlinie über die Klippen. Nach gut hundert Metern verharrte Paul und bellte auf etwas ein, das von weitem wie ein zusammengerolltes, braunes Taustück aussah.

Der Mann setzte sich in Trab. Näher kommend erkannte er, was da lag. Es war der zusammengekrümmte Körper eines Hundes, eines braunfelligen Ibizenkers. Der Hund war tot.

Der Mann sah Köter Paul an. „Was ist hier passiert?“ fragte er.

„Er hatte Hunger. Da hat er ein Huhn gerissen“, sagte Paul und steckte seine Nase in den Mundwinkel des toten Hundes.

„Und das da, das Loch in der Mitte des Schädels?“

„Es riecht nach verbranntem Fleisch“, sagte Köter Paul.

Der Mann bückte sich und sah sich das Loch zwischen den Augen genau an. Es war schwarz umrandet.

„Die Kugel traf ihn aus der Nähe“, sagte Paul und hob eine der Pfoten hoch. Die Muskeln waren noch nicht steif. „Erst vor kurzem.“

Der Mann stellte sich vor, was passiert war. Da drüben bei dem Bauernhaus hatte der Hund die Kugel bekommen. Die hatte seine Sinne zerstört. Mit einem Schlag war er blind, taub und geruchlos geworden. Verrückt vor Schmerz war er drauflos gelaufen und orientierungslos umhergeirrt. Der angeschossene Hund, der einmal schnell wie ein Windhund war und – kaum den Boden berührend – über Stock und Stein setzte, war wie ein Tölpel herumgestolpert, in Büsche und gegen Mauern gerannt. Nahe beim Meer, auf den Klippen, war er zusammengebrochen.

„Ich begrabe ihn“, sagte der Mann. Planlos sah er sich um. Auf dem Fels konnte er kein Grab ausheben, zudem fehlte das Werkzeug. Bis zum beackerten Boden landeinwärts waren es mehrere hundert Meter. Außerdem würde ihn der Bauer, der den Hund erschossen hatte, davonjagen.

Blieb also nur das Meer. Der Wind stand landabwärts. Er würde den Kadaver hinaustreiben – südwärts. Da lag Nordafrika. Von Nordafrika war der Hund einst auf den Schiffen punischer und arabischer Eroberer gekommen.

Der Mann hob den Körper des Tieres so hoch er konnte und schleppte ihn zum Felsenrand. Der Kopf des Hundes schleifte polternd über die Steine. Mit einem Ruck riss er ihn hoch, stieß das Knie gegen den Körper und öffnete die Hände. Er hörte zwei Geräusche: erst ein dumpfes, als der Körper einen hervorragenden Felsen streifte, dann ein Klatschen, als er auf das Wasser fiel.
Der Mann starrte aufs Meer und wartete. Endlich kam der Kadaver unter dem Felsvorsprung hervor und wurde langsam meerwärts getrieben. Er sah dem Ibizenker lange nach.
Mit schleifenden Schritten ging er auf Paul zu, hockte sich vor ihn und sah ihn lange an. „Wenn du einen Mann mit Flinte siehst, dreh dich auf der Stelle um und hau ab“, mahnte er eindringlich. „Sonst geht es dir wie deinem Freund, dem Ibizenker.“

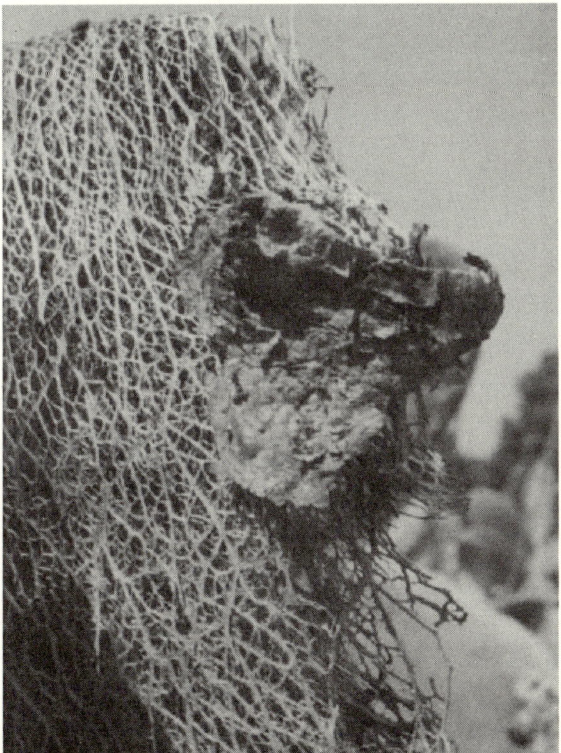

Kopfgeld für streunende Hunde

Die Inselkneipe war wie immer brechend voll. Körper stand an Körper. Zwischen den Beinen der Menschen wimmelte es von Hunden. In einer Ecke hatten sich einige zusammengerottet. Sie steckten ihre Köpfe zusammen. Köter Paul war dabei. Er erzählte von seinem erschossenen Freund, dem Ibizenker, den auch die meisten anderen Hunde kannten. „Immer mehr von uns bekommen das Loch und brechen mitten im Lauf zusammen“, sagte ein alter Hund mit grauen Barthaaren. „Ich hab’ auf dem Heimweg einen im Wald liegen sehen.“

„Ich einen in den Dünen.“

„Ich hörte einen in einer Grube winseln. Jetzt ist er still.“

Die Hunde schwiegen. Ein neuer kam hinzu. „Hat einer von euch meinen Freund, das Krummbein mit dem Spitzkopf, gesehen?“

„Du meinst den Kläffer, der vor lauter Angst gleich den Schwanz einzieht?“

„Ja, den“.

Alle schüttelten den Kopf.

„Ich suche auch einen Freund. Den Schwarzen mit dem hellen weißen Fleck ums rechte Auge“.

„Ich suche den Grauen mit dem Humpelbein“.

„Ich meinen Bruder, der aussieht wie ich.“

Die Hunde warfen sich gegenseitig Fragen zu und es stellte sich heraus, dass jeder irgendeinen anderen suchte, dass aber niemand Auskunft geben konnte, wo er geblieben war.

Da meldete sich ein Hund, der alle um Kopfeslänge überragte. Den Schweigsamen nannten sie ihn. „Ich kann euch sagen, wo eure Freunde geblieben sind. Ich war selbst einmal an dem Ort.“

„Lass’ hören.“ Die Köter schauten den Kollegen neugierig an.

„Das ist eine lange Geschichte“, sagte er sinnend. „Ich hatte mal einen Herrn. Aber der war eigentlich nicht der richtige Herr. Er bekam mich von einem anderen, der auch nicht mein richtiger Herr war. Kurz und gut, eines Tages gingen mein Herr und ich zum Hafen. Wir standen vor einem Schiff. Die Leute winkten. Die Sirene tutete. Als die Treppe hochgezogen wurde, sprang mein Herr aufs Schiff. Ich hinterher. Doch mitten im Sprung traf mich ein Stiefel. Ich

klatschte ins Wasser. Nur mit Mühe kam ich wieder an Land. Nass und jammernd stand ich da. Da kam der Junge, der da hinten."
Alle schauten in die Richtung, in die die Schnauze des Hundes wies.
„Er hockte sich neben mich und streichelte mich. Ich war so dankbar, dass ich mein Misstrauen vergaß und mich an die Leine legen ließ. Er brachte mich in ein großes weißes Haus. Da übergab er mich einem Mann. Der drückte dem Jungen was in die Hand, mit dem man Fressen kauft. Ich kam in einen Verschlag, in dem schon viele Hunde waren. Freunde, die ich lange aus den Augen verloren hatte, traf ich wieder. ‚Wann kommen wir raus?' wollten sie wissen. ‚Was macht der und der?' Ich erzählte, was ich wusste."
„Und was gab's zu fressen?"
„Brühe. Viele von uns waren nur noch Haut und Knochen."
„Und sonst?"
„Wir lagen da, dösten und warteten. Auf das Fressen. Auf den Mann."
„Auf welchen Mann?"
„Auf den, der mit dem Finger auf die zeigt, die rauskommen aus dem Verschlag. Alle sprangen auf und bellten, wenn er kam. Jeder wollte auf sich aufmerksam machen. Aber er nahm nur immer einen mit."
Die Köter sahen den Hund, der sie alle um Kopfeslänge überragte, misstrauisch an.
„Und wie kamst du raus?"
„Eines Tages kam mein Herr. Er kam in den Schuppen, zeigte auf mich und sagte: ‚Der da'. Ich drückte mich an die Beine meines Herrn. Er streichelte mich und sagte: ‚Du hast Glück gehabt, dass ich nur kurz weg war und dich freikaufen konnte.'"
„Und wo ist dein Herr jetzt?"
„Er sprang wieder auf das Schiff. Und ich bin ihm nicht nachgesprungen."

Das Vaterunser für einen Hund

Köter Paul hatte ihn aufgestöbert. Im Buschwerk, gleich hinter den Dünen, bellte er klagend. Der Mann ging hin, um nachzuschauen. Köter Paul saß unter einer Pinie mit niedrig hängenden Zweigen und wartete. Aufmerksam durchforschte der Mann mit seinen Augen die Umgebung. Da. Etwas stimmte nicht! Da hing etwas an einem Pinienast, das wie ein alter, durchlöcherter Sack aussah.

Köter Paul bellte und machte einige Schritte in die Richtung des Sacks. Der Mann folgte ihm. Wie von einer Riesenfaust festgehalten blieb er plötzlich stehen. Ein Schauer durchlief ihn. Was da festgebunden am Ast hing, war ein aufgehängter Hund – die Reste davon.

Hier hatte eine Hinrichtung stattgefunden. Vor Monaten schon, denn das sackartig hängende Fell war von Wind und Wetter aufgerissen. Durch die Löcher schimmerte gelblich das Skelett.

Langsam ging er auf den Erhängten zu: Der Kopf steckte in einer Schlinge. Der Hals war langgezogen, das Hinterteil gekrümmt und mit dem Boden verwachsen. Die Zähne, das Gebiss waren noch intakt. Die Hornhaut überdeckte noch die Augenhöhlen. Licht spiegelte sich darauf.

Als er den Strick sah, wusste er, hier war ein Mensch am Werk gewesen, der alles bis ins Letzte durchdacht hatte: Der Strick war dick und von bester Qualität. Er war direkt am Ast geknüpft. Mit einem Knoten, wie ihn Seeleute verwenden. Die Länge zwischen Ast und Hals war so bemessen, dass der Hund zwar stehen konnte, bei jedem Versuch sich auszuruhen aber gewürgt würde. Das war vor Monaten gewesen. Jetzt hing er immer noch am Strick, fletschte die Zähne, und auf seiner Hornhaut spielten Lichtreflexe.

Der Mann öffnete das Buschmesser, das er immer bei sich trug und begann das zu tun, was zu tun war. Als er sich dem Hund näherte, hielt er die Luft an und stopfte damit die Nase zu, obwohl er wusste, dass nichts mehr nach Verwesung riechen konnte. Als er mit dem Messer am Strick herumsäbelte, starrte er auf das aufgerissene Maul, obwohl er wusste, dass die Zähne nicht mehr zupacken konnten. Als die letzten Fasern rissen und er den am Strick baumelnden Kadaver in seiner Hand hielt, fuhr ihm vor Schreck die Hand hoch, weil er damit gerechnet hatte, dass der Hund schwer wie ein Kartoffelsack war. Als sich dabei das mit dem Boden verschmolzene Hinterteil des Hundes

löste und Eidechsen, die im Kadaver gehaust hatten, davonhuschten, jagte ihm ein Schauer über den Rücken.
Er wich einige Schritte zurück, hockte sich auf die Fersen und sah zum Baum hinüber, an dem jetzt nur noch das Strickende baumelte. Schwer atmend schloss er die Augen. Er stellte sich den Ablauf der Hinrichtung vor ...
Der Hund hatte sich von einem, der ihn gekannt haben musste, an den Ast binden lassen. Der hatte so getan, als ob er den Hund mal eben festmachen wollte, um ihn später wieder abzubinden, wie das immer war. Er hatte da gestanden und gewartet, einfach gewartet.
Hunde haben keine Zeitrechnung, und so konnte das Tier nur erleben, dass das Würgen stärker, der Durst quälender wurde, während der Tag ging und die Nacht kam, während es wieder Tag wurde, die Sonne höher und höher stieg.
Der Mann stand auf und kratzte mit dem Buschmesser in den Dünenboden ein Loch. Als er den gekrümmten Hundekadaver hineinlegen wollte, war es nicht tief genug. Erneut begann er zu kratzen, aber bald stieß er auf dichtes Wurzelwerk. Wild arbeitete er drauflos. Fünf Minuten, zehn Minuten. Aber er kam nicht durch das zähe Geflecht der Wurzeln. Der Schweiß brannte in den Augen. Die heiße Luft unter den Pinien nahm ihm den Atem. Er konnte nicht mehr. Seine Hände tasteten zur Basttasche. Einen Schluck Wein, dachte er. Aber bevor er die Flasche zu fassen bekam, kippte er um.
Das Bild vor seinen Augen zerfloss wellenförmig, als ob ein Stein hineingeworfen worden wäre. Aus seinem Kopf stieg ein Schwarm Vögel auf. Auf seinem Trommelfell klopfte jemand einen Wirbel. Dann war plötzlich alles still. Er hörte eine Stimme. Sie klang kehlig-knurrig. Die Worte kamen bellend auf ihn zu. Er wusste sofort, dass es die Stimme des Hundes war. Er verstand alles.
Es roch nach Gewalt. Nach Fußtritten und Hieben. Ich duckte mich unter seine Hand. Nur nicht gegenziehen. Er ging in den Wald mit mir. Nicht mein Herr, der andere, der schon mal auf mich geschossen hatte. Er brachte mich hierher. Zog meinen Kopf mit dem Strick unter den Ast, band mich fest. Ich konnte mich kaum noch bewegen.
Er ging. Langsam verlor sich sein Geruch. Ich war allein. Ich stellte meine Ohren hoch und lauschte. Geräusche kamen zu mir. Die Geräusche vom Hof. Der Hahn krähte, die Lämmer und Schafe blökten. Die Schüsseln rappelten. Sie kochten. Ich roch Rauch und Pansen. Mir lief das Wasser im Maul zusam-

men. Ich stand auf allen Vieren. Mit durchgestreckten Beinen. Anders ging es nicht. Die Gerüche in der Nase, die Geräusche im Ohr, wartete ich. Bald kam mein Herr, band mich los, brachte mich nach Hause. Stellte mir den Pansen hin. Ich fraß mich satt, legte mich vor seine Füße, zog seinen Schweiß ein, seine Hände streichelten mich.
Da, das Kind. Das Kind des Herrn. Es rief mich. Harro, rief es. Ich gab Laut, machte einen Satz, der Strick riss mir die Luft weg. Ich hustete und keuchte, sank zurück. Ich kam nicht weg. Ich hing am Strick.
Wieder rief das Kind. Ungeduldig. Harro! Harro! Ich gab Laut, machte einen Satz, der Strick riss mir die Luft weg. Ich kam nicht weg. Der Strick hielt fest. Das musste ich mir merken.
„Ich kann nicht kommen", winselte ich. „Komm du und bind mich los." Noch einmal rief das Kind. Noch einmal. Dann hörte es auf. Ich wartete und lauschte auf die kleinen, festen Schritte. Ich witterte dem Geruch entgegen: Milch, Haselnuss und sanfter Schweiß.
Wann kam das Kind? Ich blinzelte nach oben. Die Schlinge! Den Kopf herausziehen. Ich riss und ruckte. Das Blut rauschte in den Ohren, die Augen traten aus dem Kopf, aber die Schlinge hielt.
Den Strick durchbeißen. Ich hielt den Kopf schräg, machte das Maul weit auf, schnappte mit meinen Zähnen zu. Aber ich kam nicht ran. Der Strick war dicht über mir, aber ich kam nicht ran.
Die Luft stand still. Ich kochte unter meinem dichten Fell. Die Zunge hing mir zum Maul heraus. Ich hechelte so schnell ich konnte. Aber ich bekam nicht genügend Luft. Die Zunge wurde dick. Wasser, einen Tropfen Wasser. Der Durst trocknete den Speichel aus. Ich machte schlapp. Die Augen fielen zu. Hinhocken, ausruhen. Ich knickte ein, taumelte. Der Strick riss mich in die Wirklichkeit zurück. Ich winselte vor mich hin. Ein Vogel äugte neugierig zu mir herab. Mücken und Fliegen umschwirrten mich, setzten sich auf meine Schnauze. Ich bewegte die Ohren, zuckte mit der Haut, wedelte mit dem Schwanz. Aber die Mücken und Fliegen gingen nicht weg. Es wurden immer mehr.
Wo blieb mein Herr? Immer war er gekommen, um mich loszubinden. Die Sonne stand jetzt tief. Die schlimmste Hitze war vorbei. Die Abendgeräusche vom Hof drangen zu mir herüber. Ich jaulte: Hier bin ich. Hier. Kommt und holt mich.
Jemand kam näher. Ich hörte und roch es. Es war nicht mein Herr. Es war der andere. Mit geschulterter Flinte kam er. In den Händen trug er etwas, das

verlockend roch: gebratenes Fleisch und frisches Wasser. Gierig wartete ich. „Da“, sagte er. Ein Hähnchenknochen flog vor meine Beine. „Da“, sagte er und setzte einen Napf mit Wasser vor meine Füße. Ich streckte mich nach unten so weit es ging, aber ich kam nicht ran. Was ich auch tat, ich kam nicht ran. Ich winselte, bettelte, aber der andere rührte sich nicht.
Dann ging er weg. Nicht weit von mir blieb er stehen. Er lehnte sich an einen Baum. Als ob er auf Wild wartete, legte er seine Flinte schussbereit auf seinen Arm.
Es wurde Nacht. Endlich! Der Geruch des Herrn kam in meine Nase. Er war in der Nähe. Er holte mich. Mit leisem Fiepsen gab ich Zeichen. Näher und näher kam er. Piniennadeln raschelten. Zweige knackten. Atemstöße drangen zu mir. Er war neben mir, streichelte mich. Er hob den Wassernapf unter mein Maul. Ich soff und soff. Psst, zischte er, nicht so laut. Gierig soff ich weiter.
Ein Schuss krachte. Erde spritzte hoch. Meinem Herrn fiel der Napf aus der Hand. Das Wasser zerrann im Boden. Er roch nach Angst, wich zurück. „Halt aus“, zischte er, „ich komme wieder, hole dich.“ Vorsichtig schlich er davon. Drohend rief der andere von drüben: „Er oder du. Vergiss das nicht.“
Noch ein Schuss krachte. Beide waren in meiner Nähe. Hinter mir roch ich den Herrn, vor mir den anderen. Der Geruch des anderen kam näher. Der meines Herrn verlor sich. Schließlich war er ganz verschwunden. Halt aus, hatte er gesagt. Ich hol dich. Ich reckte den Hals nach vorn, streckte die Knie durch, entlastete ein Bein nach dem anderen. Ja, ich brauchte nur zu warten.
Die Sonne ging auf. Die Schatten wurden fahl. Die ersten Tiere huschten durch den Wald. Ich kämpfte gegen die Müdigkeit. Nicht fallen lassen, knurrte ich mir zu. Nicht fallen lassen. Er kommt. Nicht mein Herr, der andere kam. Langsam näherte er sich, bückte sich, hob den Hähnchenschenkel hoch und stopfte ihn mir ins Maul. „Friss, damit du nicht schlapp machst“, sagte er. Gierig biss ich zu, schlang, würgte, aber nichts bekam ich runter.
„Er lässt dich im Stich, dein Herr, um seine Haut zu retten“, sagte er und ging.
Die Sonne stieg höher und höher. Ich knurrte sie an. Aber sie blieb. Um mich herum erstarben die Geräusche. Die Tiere verkrochen sich im Schatten, rührten sich nicht. Ich zitterte, japste, hechelte. Ich hatte nur den einen Wunsch: von den Beinen kommen, ausstrecken, schlafen. Ich knickte hinten ein. Langsam zog der Strick den Hals zu. Ich bekam keine Luft mehr. Ich sackte weg. Der Strick biss zu. Mein Maul sprang auf. Mit letzter Kraft kam ich wieder auf die Beine.

Geräusche kamen. Ich hörte sie von ganz, ganz weit: den Hahn, die Lämmer, die Kinderstimme. Oder hörte ich sie nicht? Ich bellte, aber nur ein dumpfes Grummeln kam aus mir heraus. Ich heulte, aber nur ein klägliches Wimmern brachte ich fertig. Ein Hase kam aus dem Gebüsch. Er tat, als ob es mich nicht gäbe, kam dicht heran, rupfte Gräser vor meinen Pfoten ab. Immer mehr Mücken und Fliegen kamen, umschwirrten mich. Ich gab es auf, sie zu verscheuchen. Ratten tauchten auf. Sie kommen immer, wenn es zu Ende geht. Wozu noch aushalten, warten? Keiner kam. Nicht mein Herr, nicht das Kind, nicht einmal der andere. Meine Beine wurden weggerissen. Ich fiel und fiel. Meine Sinne schwanden. Der Schmerz war weg, die Sonne war weg, der Strick war weg.

Als der Mann wieder zu sich kam, war er erstaunt, dass der Hund aus dem Traum wie vom Erdboden verschwunden war. Wie vorher lag der Kadaver mit dem abgeschnittenen Strick um den Hals am Boden. Er erinnerte sich, dass er ihn unter die Erde bringen wollte. Erneut legte er den Kadaver in die aufgescharrte Öffnung. Aber das gebogene Knochengerüst ragte nach wie vor über das Loch hinaus.

Es blieb ihm nichts anderes übrig, als den Körper flach zu drücken. Langsam setzte er den rechten Fuß auf den Kadaver, holte Luft, nahm Schwung. Aber er führte die Bewegung nicht aus. Nicht mit dem Fuß, dachte er. Tritte hatte der Körper genug bekommen. Langsam bückte er sich, legte die Handflächen auf den Kadaver und drückte ihn sachte, als ob er dem Tier nicht weh tun wollte, nach unten. Zentimeter um Zentimeter senkte sich das Skelett. Langsam weiterdrückend, die Augen geschlossen, wartete er auf das Krachen der Knochen. Als sie endlich brachen, zuckte er zusammen. Es ging nicht anders, murmelte er. Ich, müde und erschöpft, wie ich bin, hätte dich sonst nicht unter die Erde bringen können. Mit der Hacke kratzte er den Sand wieder ins Loch und häufelte soviel davon obendrauf, bis der Hundekörper notdürftig bedeckt war. Er brach einige Zweige vom Ast ab, an dem der Hund gehangen hatte und legte sie kreuzförmig auf das Grab.

Er stand auf, legte die Hände vor dem Bauch zusammen und tat das, was er bei der Beerdigung seines Vaters und seiner Mutter getan hatte: Er betete ein Vaterunser.

Aber es kam anders über seine Lippen, als das „Vater unser, der du bist im Himmel“ von damals. Er betete das Vaterunser für den Hund:

„Vater unser, der du bist auch Vater aller Tiere, die von uns erhängt, erschlagen, ertränkt, zertreten, verseucht, vergiftet werden. Im Namen des Hundes, der hier hängt, vergib uns unsere Schuld."

Die Beerdigung aus der Ferne

Die beste Nachricht ist die, die man nicht bekommt, hatte er gedacht. Dementsprechend war er nicht häufig zur Post gegangen. Er wusste aber auch, dass es Nachrichten gibt, denen man nicht entgehen kann.

In der Nacht davor hatte er einen Traum, in dem ihm sein Bruder zuwinkte. Frühmorgens ging er zur Post. Ein Telegramm lag für ihn da. Der Text war kurz: Bruder gestorben. Beerdigung Dienstag 11 Uhr, 10 Uhr Requiem in der Kirche.

Dienstag, das war heute, wie der Kalender in der Post verriet. Und er, der dabeisein wollte, war mehr als 1.500 Kilometer entfernt. „Ich wäre gekommen", murmelte er. „Ich hätte dir das letzte Geleit gegeben, Bruder, wenn ich es gewusst hätte". Aber hatte er nicht damit rechnen müssen?

Er rang nach Luft. Mit nach hinten ausgestreckten Händen tastete er sich in die Stille einer noch im Dunkel liegenden Wand. Er sieht sich in ein Krankenzimmer treten. Darin liegt einer, von dem er weiß, dass es sein Bruder ist; aber er erkennt ihn kaum wieder. Ein kleiner, bis auf die Knochen abgemagerter Mensch liegt da.

Der Bruder leidet an unheilbarem Krebs. Er hat nur noch wenige Monate zu leben. Nichts erinnert an das fröhliche Gesicht mit den Lachgrübchen. Nur die hellblauen Augen mit den kleinen, braunen Flecken neben der Pupille sind die des Bruders. Die starren ihn nun an. Eine Frage steht darin, die Antwort will. Sag du die Wahrheit, fordert der Blick. Sag, ob ich denen trauen kann, die immer wieder ‚es wird schon werden' sagen.

Er steht neben dem Bett und starrt in die fragenden Augen. Er sieht nicht weg, flüchtet sich nicht in ein aufmunterndes Lachen, flieht nicht in den Satz, der allen so leicht über die Lippen geht: Es wird schon werden. Er hat aber auch nicht den Mut zu sagen, dass er hinter den Augen, unter der fahlen, pergamentenen Haut, in den blauen Schatten der Augenhöhlen den Tod sieht. Nach einer kleinen Ewigkeit schaut der Bruder weg. Tief seufzend, mit gequältem Ausdruck im Gesicht, dreht er sich zur Seite. Er entzieht sich. Er hat begriffen, dass auch der Bruder zu feige ist, ihm die Wahrheit zu sagen. Wortlos verlässt der Mann das Krankenzimmer.

Kurz darauf wird der Kranke entlassen, um zu Hause in Ruhe zu sterben. Der Mann besucht seinen Bruder noch einmal. Als der ihn hereinkommen sieht, fährt er entsetzt hoch, als ob er den Leibhaftigen sähe. „Freust du dich nicht?" fragt der Mann. „Du bist der, der nur nach Hause kommt, wenn einer stirbt", sagt der Bruder.

Sie sprechen nicht viel miteinander. Nach kurzer Zeit verabschiedet er sich mit einem Kuss auf die Stirn des Bruders. Sie ist feucht. Der Mann hat den Bruder nicht mehr lebend wieder gesehen.

Mit schleifenden Schritten verließ der Mann die Post und ging ins Freie. Der Platz vor der kleinen Kirche war grell von der Sonne angeleuchtet. Wie eine Arena öffnete er sich. Als er in das Rund trat, glaubte er, in einen Backofen zu gehen. Das Fegefeuer, dachte er. Er schleppte sich in den Schatten der Kirche, hockte sich hin, lehnte seinen Kopf an die Mauer und ließ seine Gedanken treiben ...

Er sieht sich im Fenster des Elternhauses liegen. Er schaut auf die Straße. Es regnet. Die nassen Pflastersteine glänzen. Die Sterbeglocke der nahen Kirche mahnt: Betet für die arme Seele, die zu Grabe getragen wird. Er schaut in die Richtung, aus der die Glockenklänge kommen. Der Totenzug biegt um die Ecke. Voran schreitet der Messdiener. Er trägt auf einer langen Stange das silberne Kreuz. Der alte Pfarrer folgt ihm. Die Pferde mit den schwarzen Schabracken tauchen auf. Die Deichsel erscheint, der Totenwagen schiebt sich um die Ecke. Hinter den Milchglasscheiben erkennt er schemenhaft den Sarg. Durch die schweren Holzbretter hindurch sieht er den Bruder darin liegen. Ausgestreckt ruht er im weißen Innenpolster. Ein gesteiftes, weißes Leinenhemd umhüllt gnädig den ausgemergelten Körper. Der Bruder schaut nicht zu seinem Elternhaus herüber, um Abschied davon zu nehmen. Er schaut auch nicht hoch zu seinem Bruder im Fenster, der ihm einen letzten Gruß zuwinkt. Mit todernster Miene lässt er sie vorbeiziehen. Er hat alles hinter sich gelassen. Unter großen schwarzen Regenschirmen versteckt, folgen die Trauernden. Sie schleppen sich hinter dem Wagen her, als ob sie ihn zurückhalten wollten. Ihre Gebete steigen nicht in den Himmel, sondern fallen aufs Pflaster – trostlos wie die Regentropfen. Es ist ein kleiner, stiller Trauerzug. Als erste geht die Frau des Bruders, behutsam von ihrem Sohn geführt. Unter dem Schleier hat sie blinde, verweinte Augen. Den beiden folgt ein Häufchen alter Leute, seine Onkel und Tanten – kleine Menschen, die der Erde entgegenwachsen. Alle, denen der Bruder etwas bedeutet hat, folgen dem Sarg. Nur er, der Bruder des Verstorbenen, fehlt. Die Trauernden stehen im Halbkreis um das offene Grab und beten, während die Totengräber den Sarg in die Grube gleiten lassen. Einer nach dem anderen tritt ans Grab, wirft eine Schaufel Erde auf den Sarg und murmelt: Gott sei der armen Seele gnädig. Nach der Frau des Bruders und dem Sohn hätte er als nächster Verwandter vor das Grab treten müssen, aber er war nicht da.

Die Stimme des alten Pfarrers reißt die Menschen aus der Trauer. Und nun beten wir für den aus unserer Mitte, leiert er, der als nächster vor den Thron des Herrn tritt. Unter dem aufgespannten Regenschirm erblasst Onkel Leo. Sein Rücken krümmt sich noch mehr der Erde entgegen. Er weiß, er ist der Älteste. Und wenn es gerecht zugeht, dann ist er der Nächste. Der Onkel nickt. Es wird Zeit, sich auf das Ende vorzubereiten.

Der Tod ist nicht gerecht und geht auch nicht dem Alter nach, denkt der Mann. Gerne hätte er das seinem Onkel gesagt. Aber er war nicht da. Wochen später besuchte er seine Heimatstadt. Als er seine Schwägerin sah, erkannte er sie kaum wieder. Unter der Last der Trauer war sie winzig klein geworden. „Versehen mit den heiligen Sterbesakramenten ist er gestorben", sagte sie auf dem Friedhof. Der alte Grabstein mit den Namen seiner Eltern und Großeltern war verschwunden, die Stätte neu hergerichtet. Schwarzer Marmor umrandete sie. In der Mitte wölbte sich ein von Blumen und Kränzen übersäter Hügel. „Wir haben ihn in das Familiengrab gebettet. Da ruhen ja auch seine Eltern und Großeltern."

„Meine sind es auch", unterbrach er sie leise.

„Was?" Sie schien erstaunt. „Ach ja, du bist ja sein Bruder. Aber du warst nicht da."

„Es sei so", sagte er. „Ich möchte da beerdigt sein, wo ich gerade bin. Sicher werde ich nicht in meiner Heimatstadt sein, wenn es so weit ist."

Klassenfoto

Vor seiner Abreise besuchte er die Schwägerin noch einmal. Überall im Wohnzimmer lagen Fotos, Briefe und Aufzeichnungen herum. „Ich krame in den Erinnerungen“, sagte sie leise und lächelte weh.
„Hast du keine Pläne?“, fragte er.
Sie ging über die Frage hinweg, nahm ein eingerahmtes Foto hoch und reichte es ihm. „Das hier ist ein Klassenbild mit deinem Bruder.“
Er vertiefte sich in das Foto. Gut dreißig Jungen und Mädchen – alle im Sonntagsstaat – lächelten wie auf Befehl ins Bild. Im Vordergrund stand eine Tafel. Mit Kreide war etwas darauf geschrieben. Klasse 4, 1935, entzifferte er.
„Das ist dein Bruder“, sagte die Schwägerin und tippte auf einen Kopf in der mittleren Reihe. Um besser sehen zu können, hielt er das Foto weit von sich.
„Hier hast du seine Brille.“ Sie reichte ihm eine schwere Hornbrille herüber. Es kostete ihn Überwindung, sie aufzusetzen. Durch die fettverschmierten Gläser starrte er in die Kindergesichter. Die Schwägerin zeigte auf einen kleinen blonden Lausbuben mit Lachgrübchen.
„Ja“, sagte er, „das ist er.“
„Die meisten auf dem Foto gibt es nicht mehr.“ Die Schwägerin sagte es gedehnt. „Nur die hier leben noch.“ Sie tippte mit dem Zeigefinger jeweils auf eins der abgebildeten Kinder. „Der Paul lebt noch, das Friedchen, die Gerda und die Evelyn, die vier leben noch.“ Sie sah hoch und sagte: „Der Paul ist Leichenbestatter. Der hat deinen Bruder unter die Erde gebracht. Nein, mehr als die vier sind nicht übrig geblieben.“
Eine lange Pause trat ein. Als er gerade dachte, es gäbe nichts mehr zu besprechen, du kannst jetzt gehen, sagte die Schwägerin unvermittelt: „Du bist der Letzte.“
Der Satz traf ihn. Sie nahm ein Blatt Papier hoch und schwenkte es vor seinen Augen hin und her. „Hier habe ich eine Liste mit Namen. Alle Cousins und Cousinen aus deiner Familie sind darauf verzeichnet. Willst du mal sehen?“
„Nein, das ist Vergangenheit.“
„Das ist aber wichtig.“
„Nein, das ist Schnee von gestern.“ Er winkte müde ab.
Da holte die Schwägerin tief Luft und sagte, als ob sie es auswendig gelernt hätte: „Der Karl ist tot und der Günther ist tot, aber der war ja schwerbeschä-

digt. Die Annegret ist tot und die Jette ist tot, die beiden Selbstmörderinnen aus eurer Familie. Aber die Jette hat wenigstens ein kirchliches Begräbnis gehabt. Die Helmi ist tot, die ist an Schnaps gestorben. Jetzt ist auch die Grete tot, aber die hatte das Alter. Die Beate ist tot, der Paul ist tot, der Walter ist tot und der Willi ist tot. Der Erich, der Werner, der Karl, der Helmut, der Heinz – die sind erst gar nicht aus dem Krieg zurückgekommen."

Schwer atmend schloss die Schwägerin die Litanei und sah ihn eindringlich an. „Du bist übrig geblieben."

Er nickte, stand auf und nahm die Schwägerin in den Arm. „Vergiss nicht, dass du lebst. Du lebst, verstehst du, du lebst." Dabei drückte er die Schwägerin so fest an sich, dass sie nach Luft schnappte. „Spürst du, dass du lebst?"

Die Schwägerin nickte.

Müde ging er.

Die Geschichte vom Schaf und der weichen Landung

Er war zusammen mit Petra auf dem Fußweg zum Einkauf, als das Mädchen plötzlich stehen blieb, auf etwas zeigte und erschreckt sagte: „Schau, das Schaf.“ Der Mann sah in die Richtung, machte eine Wendung nach rechts und ging los, die Augen auf das gerichtet, was da – Kopf nach unten – reglos im Maschendraht eines Zaunes hing.

Es war ein schwarzes, ausgewachsenes Schaf. Mit seinem ganzen Gewicht hing es mit dem linken Hinterhuf im Drahtgeflecht fest. Der Kopf baumelte bis fast auf den Boden. Das Tier bewegte sich nicht. Es hatte den Kampf aufgegeben und wartete, während ihm das Blut mehr und mehr den Kopf schwer machte, auf das Ende. Einige Meter davon entfernt, hatte sich eine Gruppe von Schafen zusammengerottet, um sich Leib an Leib gegenseitig Schutz vor der Sonne zu geben.

Das verletzte Schaf wehrte sich nicht, als der Mann es mit seinen Schultern hoch hob, damit das Bein entlastet wurde. Petra war inzwischen an seiner Seite, bog den Draht auseinander und fädelte das Bein aus der Masche. Langsam ließ der Mann das Schaf auf den Boden gleiten. Erschöpft blieb es liegen. Der Mann hockte sich vor den Kopf und redete auf das Tier ein. Aber es rührte sich nicht. „Lass’ dich nicht hängen, Schaf. Steh auf, sonst schaffst du es nicht“, sagte der Mann. Aber das Schaf hob nicht mal die Lider von den Augen. Der Mann stand auf und trat dem Schaf mit Wucht ins Hinterteil. „Lauf, Schaf, lauf“, brüllte er. Erschreckt sprang das Schaf auf alle Viere, stand einen Moment verdutzt und trottete dann humpelnd zu den anderen, die es in ihre Gruppe aufnahmen. Als sich der Mann beim Weggehen nochmals umdrehte, konnte er nicht mehr ausmachen, welchem der Schafe er geholfen hatte.

Wenige Tage später fuhr der Mann, der in der Kneipe einige Gläser Wein getrunken hatte, mit dem Moped nach Hause. Er kannte den Weg genau und wusste, dass unterwegs einige scharfe Kurven lauerten. Aber angetrunken wie er war, machte er sich keine Sorgen. Auf dem engen, von Steinmauern eingesäumten Weg, gingen ihm Gespräche von vorhin durch den Kopf. Einige Male musste er lachen. Er lachte auch, als er die Stelle passierte, an der er ein paar Tage zuvor dem Schaf auf die Beine geholfen hatte. Die Neunziggrad-Kurve

in der Nähe der Stelle war ihm vor lauter Albernheit und Kichern entfallen. Als sie plötzlich auftauchte, war es zum Bremsen und Einschlagen des Lenkers zu spät. Mitsamt Moped wurde er geradewegs gegen die Mauer getrieben. Mit Krachen prallte er auf. Ein Schlag traf sein Schienbein. Der Schmerz machte ihn hellwach. Er nahm wahr, wie sich sein Körper aus dem Sattel hob, wie er – über die rechte Schulter abrollend – auf dem Boden landete. Ein paar Sekunden blieb er auf dem Boden liegen. Er hörte, wie der Moped-Motor auslief und er sah, wie das Scheinwerferlicht erlosch. Er tastete Arme und Beine ab, fuhr mit den Händen durch die Haare, entdeckte, dass sie voller Sand waren und dass er seine Wollmütze verloren hatte. Auf allen Vieren kroch er auf die Mauer zu, wobei er die Wollmütze ertastete. Er schüttelte die Benommenheit aus Kopf und Gliedern, prüfte, dass der Schienbeinknochen heil war, stieg vorsichtig über die Mauer und trat humpelnd den Heimweg an.
Am anderen Tag besichtigte er die Unfallstelle. Das Moped war schrottreif. Aber er, er war mit einem blauen Auge davongekommen. Der Grund: Die Mauer war nicht wie üblich einen Meter, sondern nur fünfzig Zentimeter hoch und hinter der Mauer lagen keine blanken Felsplatten, sondern es erstreckte sich ein eben erst abgeerntetes Getreidefeld. So kam es, dass er nach dem kniehohen Aufprall mit Schwung über die Mauer getragen wurde und weich landete.
Kopfschüttelnd sah sich der Mann um. Etwa zweihundert Meter entfernt weideten Schafe. Da drüben war auch der Zaun, in dem das Tier gehangen hatte. Er lachte in sich hinein. Vielleicht hatte das Schaf seine „Hand" im Spiel gehabt. Warum nicht? Wer weiß schon, wozu Schafe fähig sind.

Das Osterlamm

Es war einmal ein Lamm. Es wurde geboren in einem engen Stall. Da hausten viele Tiere. Nicht nur Schafe mit ihren Lämmern, auch Ziegen, Esel, Hühner, Küken, Mäuse, Ratten – und ein Schwein. Der Stall war so voll mit Tieren, dass kein Fleckchen Platz mehr frei war. Eines Tages wurde ein altes Schaf, das schon viele Lämmer zur Welt gebracht hatte, durch Geräusche und Gerüche aus dem Dösen gerissen. „Es ist wieder soweit, sie bereiten es vor. Sie wetzen die Messer, zünden das Feuer an, setzen Schüsseln auf die Flamme“, sagte das Schaf. „Hört ihr es?“ Mit einem Strick kam der Bauer in den Stall. „Er hat die Blutschürze an“, raunte das Schaf. „Komm zu mir, Kleines.“ Das Lamm roch es und duckte sich.

Alle Tiere im Stall hatten das Blut gerochen und zitterten vor Angst. Denn immer, wenn der Bauer mit der Blutschürze kam, holte er ein Tier zum Schlachten. Und so versuchte jeder, sich hinter dem anderen zu verstecken: das Küken hinter der Henne, die Henne hinter dem Hahn, das Schaf hinter dem Bock, das Lamm hinter dem Schaf, das Eselfohlen hinter dem Muttertier und das Schwein, das so dick war, dass es sich hinter Niemandem verstecken konnte, kroch in den hintersten Winkel und stellte sich tot.

Der Bauer ließ sich nicht beirren. Zielstrebig ging er auf das größte Lamm zu, legte ihm den Strick um den Hals und ruckte ihn mehrmals nach vorn. „Los jetzt“, sagte er laut. Gehorsam folgte das Lamm. Was konnte es gegen den Strick und den großen Menschen schon tun!

Im Hof knisterten die Scheite und über dem Feuer brodelte das Wasser in den Kesseln. Der Bauer schob das Lamm zwischen seine Beine und klemmte es wie in einem Schraubstock fest. Mit Schrecken in den Augen wartete das Lamm auf das, wovor alle Angst hatten. So viel Angst, dass das Schwein wie am Spieß quiekte, das Schaf kläglich blökte, das Huhn entsetzt gackerte, wild mit den Flügeln schlug, um kopflos dem Grauen zu entfliegen.

Der Bauer bog den Kopf des Lamms so weit nach oben, dass der Hals frei lag. Der klagende Laut, den das Lamm von sich geben wollte, erstickte in der Kehle, durch die das scharfe Messer glitt. Es spürte, wie Blut aus seinem Hals floss, warm über das Fell nach unten rann und eine unendliche Müdigkeit über seine Sinne kam. Der Bauer, der Hof, alles verblasste vor den Augen. Es ließ sich fallen in den Traum der grünen Weiden, die es nie gerochen und gesehen hatte.

Das Zwitschern des Sittichs

Ich bin ein Stabhüpfer, ein guter sogar, denn ich kann viele Male hintereinander von einer Stange zur anderen springen. Lieber möchte ich natürlich von Stange zu Stange fliegen. Deshalb schlage ich beim Hüpfen meine Flügel auf und ab. Aber nie gelingt es mir, Wind unter sie zu bekommen.
Ich war noch jung, als mich ein Mensch aus einem großen Käfig, voll mit zwitschernden Gefährten, in einen kleinen Käfig steckte. Er übergab ihn einer alten Frau, die mich mit in ihre Wohnung nahm. Seitdem lebe ich mit der Frau zusammen in einem Raum. Mein Käfig steht auf einem Sockel in der Nähe eines Fensters. Ich kann nach draußen äugen. Baumwipfel und Dächer sehe ich. Wenn die Sonne scheint, besucht sie mich und macht mir Mut. Wenn ich nicht zwitschere, ist es mäuschenstill im Raum. Ich trällere gerne lange hintereinander, denn dann glaube ich, dass mir ein Sittich antwortet.
Meist sitzt die Frau neben mir am Fenster. Sie starrt so finster vor sich hin, dass ich Angst bekomme. Dann trällere ich die schönsten Lieder. Ich singe von der Sonne und dem Wind, vom Flug über Täler und Hügel, vom Auf- und Abwippen im Geäst, vom Hüpfen und Picken, vom Werfen in die Luft. Dann lächelt die alte Frau, schaut zu mir herüber und murmelt: „Hansi ist lieb. Was täte ich ohne Hansi."
Damit sie nicht wieder finster guckt, hüpfe ich weiter von Stab zu Stab, schlag meine Flügel gegen die Gitterstäbe und zwitschere. Auch wenn ihr Gesicht wie eine graue Landschaft auf mich zukommt und die Augen hinter Gläsern dunklen Seen gleichen, zwitschere ich. Ich zwitschere weiter, wenn ihre Riesenhand durchs Türchen greift, um mich zu streicheln, wenn sich der dicke Finger auf mich legt und mein Federkleid zusammendrückt, wenn der Donner ihrer Stimme mich umdröhnt – ich zwitschere und zwitschere. Denn nichts ist schlimmer, als in einem kleinen Käfig eingesperrt zu sein, der in einem leeren, schweigenden Raum steht und zu spüren, wie die alte Frau in Trostlosigkeit versinkt. Jeden neuen Tag begrüße ich mit frohem Zwitschern, und jeden Tag, der geht, verabschiede ich mit einem Lied. Dann stülpt die Frau die Decke über meinen Käfig und es wird Nacht. Manchmal haben wir auch schöne Tage. Dann sprechen wir zusammen. Sie erzählt von einem Mann, der vor ihr ging und dem sie bald folgt. Von den Kindern und Kindeskindern, die sie ganz vergessen haben. Von den Schmerzen, die sie hat, wenn sie sich bewegt. Von der Angst vor dem Alleinsein. Es sind immer die gleichen Geschichten.

Auch ich zwitschere drauflos: Dass ich gerne einmal fliegen möchte – zu den Baumwipfeln da draußen. Dass ich einmal mit anderen Vögeln zusammen leben möchte – draußen im Freien. „Bleib lieber bei mir", sagt die Frau. „Bei mir bist du gut aufgehoben. Draußen lauert überall Gefahr."
Eines Morgens bleibt die Frau im Sessel sitzen, rührt sich nicht, schlägt die Augen nicht auf, spricht nicht. Ich zwitschere so lang und laut ich kann, aber vergebens. Auch als das letzte Körnchen weggepickt ist und das letzte Tröpfchen getrunken ist, rührt sie sich nicht. Es wird kalt und kälter im Raum. Irgendwann geht die Tür auf. Menschen dringen herein. Sie legen die Frau auf eine Bahre und tragen sie hinaus. Einer kommt zurück, öffnet den Käfig und das Fenster, holt mich mit seiner Pranke aus dem Käfig und wirft mich in die Luft. „Flieg, Vogel, flieg. Flieg, wenn du es kannst", ruft er mir nach. In weitem Bogen fliegt mein Körper durch die Luft, fällt wie ein Stein, meine Flügel werden wach, fangen an zu schlagen, peitschen die Luft. Ich steige und falle, steige und falle. Der Boden kommt auf mich zu, nähert sich bedrohlich. Verzweifelt flatternd fange ich den Fall ab, lande auf dem Boden, stehe torkelnd auf den Beinen, ducke mich in hohes Gras, spähe umher. Wo bin ich? Vom Dach herab spottet ein Sperling: Selten hab ich einen Vogel so schlecht fliegen sehen. Vielleicht macht dir die Katze Flügel, die sich hinter dir heranschleicht. Ich werfe mich entsetzt herum und lande direkt vor der Katze. Als ich die Mordlust in den Augen sehe, weiß ich Bescheid. Eine unbekannte Kraft fährt in die Flügel. Ich werfe mich empor, steige und steige. Der Sprung der Katze landet im Nichts. „Ich kann fliegen", zwitschere ich.
Ich fliege zum Dach empor und rufe den Spatzen zu: „Ich kann fliegen, seht ihr?"
„Bravo, er kann fliegen", rufen sie zurück.
Ich ziehe Schleifen, dreh' ab zu einer Kuh und lass mich wippend auf einer der Hörnerspitzen nieder.
„Ich kann fliegen, Kuh", juble ich.
„Was denn sonst?" muht sie und schüttelt mich von ihrem Horn.
Ich flieg zum Hund, lasse mich auf seiner Hütte nieder und schmettere:
„Ich kann fliegen, Hund!"
„Ich kann bellen", knurrt er mir zu.
Ich rieche Düfte, die ich nur aus meinen Träumen kenne. Ich fliege los, lande zwischen dampfenden Rossäpfeln und picke, picke, picke.
Es ist schön ein Vogel zu sein.

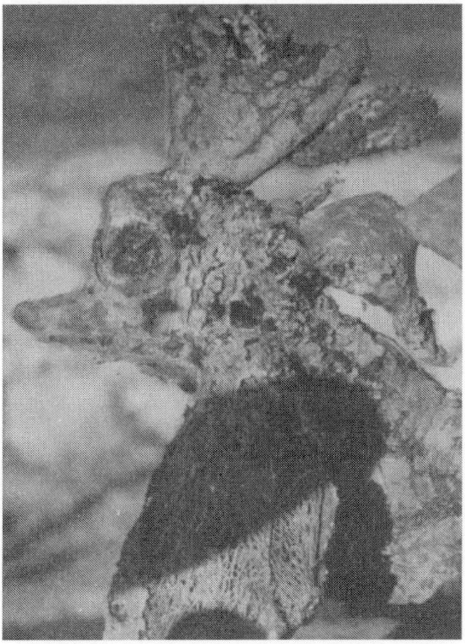

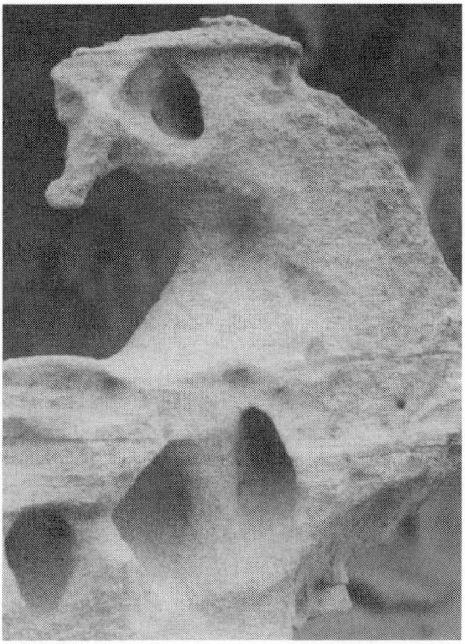

Der Sonnenuntergang des Kindes

Es war ein Tag wie jeder andere. Sie waren unterwegs. Köter Paul lief wie immer hundert Meter voraus, kam dann zurück, stieß dem Mann kurz die Schnauze zwischen die Beine, um dann wieder loszustürmen. Die Augen des Mannes glitten über das Gelände. Drüben, halb versteckt vom Gestrüpp, suhlte sich ein fetter Müllsack. Er war aufgerissen. Aus seinem Bauch quollen Eingeweide: stinkende Fleisch- und Gemüsereste, über die sich Köter Paul gerade hermachte. Dosen, Beutel, Plastikflaschen, widerliches Unvergängliches, das der Wind in alle Himmelsrichtungen zerstreuen würde.

Zwischen Büschen, kopfunten stehend, ein altes, ausgedientes Moped: ohne Räder, Motor, Scheinwerfer, Kette. Die rostzerfressenen Stangen und Holme griffen in die Luft. Am Ausgang einer Grotte, die vor kurzem noch bewohnt war: Blechbüchsen, Weinflaschen, halbverrottete Tüten. Dazwischen Einwegspritzen, Nadeln – das Werkzeug für den Stoff. Wahllos zerstreut die Reste einer Puppe: der Rumpf, der Kopf, ein Arm – der linke.

Halb noch im Meer ein armdickes, sich landwärts schlängelndes Tau. An seinem Ende ein mächtiger Knoten in Seilfransen auslaufend: eine Pythonschlange, ein Kaninchen schlingend. Gut hundert Meter voraus schwamm etwas im Meer. Es sah nach Holz aus. Holz, dachte er, ein schönes Stück Holz zum Feuermachen. Das Meer hatte es an die Klippen geschwemmt.

Weit hinten sah er zwei Menschen. Sie kamen ihm entgegen. Ihre Körper zerflossen in der flirrenden Hitze, die aus den Felsen stieg. Strandgut gehört dem, der es herausholt, dachte er und legte einen Schritt zu. Je näher er kam, um so klarer wurde ihm: Holz war das nicht. Aber was war es? Ein toter großer Fisch? Nein. Ein junges Schaf, das über die Klippen stürzte? Nein. Er ahnte, dass etwas nicht stimmte und blieb stehen. Mit zugekniffenen Augen starrte er nach vorne. Was da in den Wellen schwamm, war das etwa ...? Es ist eine Puppe, Gott sei Dank, stellte er erleichtert fest. Eine übergroße Plastikpuppe, wie man sie auf den Jahrmärkten bekommt. Was heute alles weggeworfen wird, dachte er kopfschüttelnd und ging weiter.

Die Puppe schwamm auf dem Rücken. Er sah zwei hochgereckte braune Ärmchen und Beinchen und einen schwarzen, ins Wasser hängenden Haarschopf. Eine schöne Puppe, dachte er, eine Puppe zum Spielen. Doch während er weiterging, kroch etwas langsam seinen Rücken empor und hinterließ eine kalte Schweißspur. Noch bevor sein Verstand es begriff, wusste sein Instinkt: Was da wie in einer Wiege hin- und hergeschaukelt wurde, war keine Puppe. Ein Kind aus Fleisch und Blut war es! Der Kopf lag bis zur Kinnspitze unter der Wasseroberfläche, und der lange schwarze Haarschopf wiegte im Wasser hin und her. Entsetzt blieb er stehen. Es drängte ihn, sich auf der Stelle umzudrehen und zurückzulaufen. Sollten andere das Kind herausholen! Er hatte es nicht gesehen. Aber vielleicht lebte es noch!

Er schob sein Kinn nach vorne und ging, den Blick starr auf das Kind gerichtet, auf den Klippenrand zu. Seine Füße ertasteten den Weg über die stufenförmig abfallenden Vorsprünge. Schwerfällig platschte er ins Wasser. Mit zögernden Stößen schwamm er auf das Kind zu und umkreiste es, als ob er prüfen wollte, ob das im Wasser nun ein Kind oder eine Puppe war.

Mach dir nichts vor. Es ist ein Kind, sagte er zu sich. Mit wenigen Stößen war er bei ihm und nahm es von unten mit seinen Armen auf. So wenig Körperberührung wie möglich wollte er haben. Seine Bewegungen waren so ängstlich, dass ihn das Kind nach unten zog. Gemeinsam gingen sie unter. Er begriff: Er musste das Kind auf die Brust legen und es – auf dem Rücken schwimmend – an Land bringen.

Die Berührung durchfuhr ihn: Während der Rücken des Kindes kalt war, fühlte sich der sonnenbeschienene Bauch warm an. Lebendige Haut ist anders warm, dachte er entsetzt. Mit wilden Armbewegungen schwamm er zurück. Nur heraus aus dem Wasser, weg mit der Last vor der Brust. Er hatte panische Angst, dass ihn das Kind mit sich herunterziehen wollte. Schwer atmend erreichte er den ersten Felsvorsprung und schaute nach oben. Zwei Köpfe lugten über den Klippenrand. „Wir kommen runter und nehmen Ihnen das Kind ab“, rief eine Stimme. Ein Mann kam ihm entgegen, nahm das Kind und reichte es mit geschlossenen Augen nach oben. Die Schultern der Frau, die ihm das Kind abnahm, zuckten. Sie weinte, als sie es auf die Klippen legte. Der Mann, der das Kind aus dem Wasser geholt hatte, kletterte nach oben. Die beiden Fremden standen da und sahen ihn ratlos an. „Vielleicht lebt es noch“, sagte die Frau. „Wir sollten Wiederbelebungsversuche machen.“ Der Mann kniete sich über das Kind und pumpte die Ärmchen auf und ab. Es ging schwerer, als er erwartet hatte. Während er pumpte, beobachtete er das Kind. Es rührte sich nicht. Kein Wasser floss aus dem Mund. „Nach unten hängen und auf den Rücken klopfen“, sagte der Fremde.

Der Mann nickte und hob das Kind an den Beinchen in die Luft. Der Fremde klopfte es auf den Rücken. Es klang hohl. Wieder passierte nichts. „Mund-zu-Mund-Beatmung“ sagte die Frau, und sah ihn beschwörend an. Der Mann legte das Kind vorsichtig auf den Felsen zurück und beugte sich so weit herunter, dass sein Gesicht dicht über dem des Kindes war. Zum ersten Mal sah er genau hin: Die Augen waren offen. Sie hatten eine dunkelbraune Farbe. Ein Funke Leben mochte noch dahinter glimmen, denn sie schimmerten matt. Die Lippen waren offen, die Zähne fest aufeinandergebissen. In den Mundwinkeln standen kleine Tropfen.

Widerstrebend legte er seine Lippen auf die des Kindes. Sie waren kalt. Es hat keinen Sinn, durchfuhr es ihn. Trotzdem presste er seine Lippen auf den Mund und atmete tief aus. Die geschlossenen Zähne wiesen den Atem zurück. Er legte die Hände an die Backenknochen des Kindes und drückte dagegen. Gleichzeitig atmete er noch einmal mit voller Kraft aus. Aber auch diesmal blieben die Zähne fest geschlossen und wehrten den Atem ab. Da sagte er, was er längst wusste: „Das Kind ist tot.“ Sanft drückte er die Augenlider zu. Langsam öffneten sie sich wieder.

Er sah die beiden anderen an und schüttelte den Kopf. Die beiden Fremden nickten. „Wir alarmieren die Polizei“, sagten sie und verschwanden. Er war allein mit dem Kind. Erst lief er auf und ab, als ob es noch etwas zu tun gäbe, dann hockte er sich in die Nähe des Kindes. Nach einer Weile zog er sein Hemd aus, knöpfte es auf und legte das Kind hinein. Er faltete die Enden zusammen, legte den Kragen wie eine Kapuze über das Gesicht und umwand das Bündel mit den Ärmeln. Vorsichtig trug er es zu einem niedrigen Strauch, legte es in seinen schmalen Schatten und setzte sich daneben.

Er saß da und tat Dinge, von denen er wusste, dass sie sinnlos waren: Von Zeit zu Zeit drückte er die emporgereckten Ärmchen und angewinkelten Beinchen des Kindes nieder, die wie Zeltstäbe das Hemd hochhielten. Immer gingen sie langsam in die Ausgangslage zurück. Die Totenstarre war zu weit fortgeschritten. Hin und wieder entfaltete er das Bündel, schaute hinein und beobachtete die Veränderung im Gesicht des Kindes: Das Braun der Haut wurde immer fahler, der Blick der Augen stumpfer, die Ränder unter den Augen vertieften sich. Das Kind hatte sich weit von ihm entfernt, seit er es aus dem Wasser geholt hatte.

Irgendwann kamen die kleinen grünen Eidechsen. Sie huschten aus den Felsspalten heraus. Erst waren es wenige, dann viele. Der Inhalt des Bündels zog sie an. Entsetzt sprang er auf, schlug um sich, stampfte auf den Boden und schrie: „Haut ab, hier gibt es für euch nichts zu fressen." Die Tiere verschwanden. Er gab jetzt acht. Sobald eine Eidechse auftauchte, verscheuchte er sie. Als er aber einmal in das Bündel schaute, war doch eine eingedrungen. Sie kroch über das blaue Kittelchen auf den Kopf des Kindes zu. Rasch griff er zu und warf das zappelnde Tier in weitem Bogen weg.

Mehr als drei Stunden hielt er Totenwache. Während er scheinbar ruhig auf dem Felsen kauerte, war sein Inneres in Aufruhr. Vergessene Bilder und Erinnerungen tauchten auf. Die Grenzen zwischen Kindheit und Heute verwischten...

Die Großmutter ... Er sieht sich an ihrem Bett sitzen. Sie hat eine Haube auf und liegt unter einem schweren Plumeau. Damals muss er dreizehn Jahre alt gewesen sein. Er sitzt am Kopfende des Bettes und starrt der Großmutter ins Gesicht. Sie liegt im Sterben, und wenn die Erwachsenen Recht haben, hat sie nur noch wenige Stunden zu leben.

Er ist alleine bei der Großmutter. Seine Mutter und seine Tanten sind in der Küche. Bei einer Tasse Kaffee wollen sie darüber reden, was nach dem Tod getan werden muss. Er starrt gebannt in das Gesicht der Großmutter. Wie damals beim alten Metzger sucht er das, was bisher niemand beschreiben konnte – den Tod. Den muss es geben, denn die Großmutter ringt mit ihm. Vielleicht bekommt er ihn diesmal zu Gesicht! Der Tod muss ganz nah sein, das spürt er. Er muss von unten her kommen. Hatte seine Mutter nicht kurz zuvor unter das Plumeau gegriffen, die Beine abgetastet und gesagt: „Sie ist schon kalt!" Von da aus, denkt er, muss sich der Tod an das Herz der Großmutter heranarbeiten, denn das hat sich noch nicht ergeben. Es wehrt sich, schlägt und schlägt, wenn auch unregelmäßig. In mühevollen Stößen hebt und senkt sich der Brustkorb. Röchelnd fährt der Atem durch die blauen Lippen. Die Augen liegen in tiefen Höhlen und sind geschlossen. Die Großmutter scheint keinen Anteil mehr am Leben zu haben. Aber der Schein trügt: Die rechte Hand öffnet sich und bewegt sich fast unmerklich auf ihn zu. Die Großmutter sucht Wärme. Er nimmt die kleine, blaugeäderte Hand mit den hervortretenden zerbrechlichen Knochen in seine rechte und umschließt sie fest. Kaum spürbar erwidert sie den Druck. Die Zeit verrinnt. Immer noch sitzt er allein auf dem Bettrand. Auf seiner Armbanduhr liest er ab, in welchen Abständen der Atem aus dem Mund fährt: Erst liegen sie dreißig Sekunden auseinander, dann fünfundvierzig, dann sechzig, siebzig ...

Jetzt geht es zu Ende, denkt er. Aber er täuscht sich in der Großmutter. Noch einmal hebt und senkt sich der Brustkorb, dringt das Röcheln aus dem Mund. Als der Atem fast zwei Minuten wegbleibt, denkt er: Jetzt ist es wirklich aus. Aber noch einmal saugt die Großmutter Luft ein, und noch einmal stößt sie sie wieder röchelnd aus. Sie gibt nicht auf, die Großmutter, und er wünscht ihr, dass sie es noch oft schaffen wird. Wenn er, der Dreizehnjährige, unter Wasser mehr als zwei Minuten lang die Luft anhalten kann, dann wird es seine Großmutter auch schaffen ...

Sie schafft es. Noch einmal – noch einmal – noch einmal – noch einmal. Gebannt wartet er auf den Atem. Die Zeit steht still, obwohl der Sekundenzeiger seiner Uhr mit atemberaubendem Tempo weiter rast. Jetzt sind drei Minuten um, jetzt vier, fünf.

„Aus", sagt er, „aus."

So war es. Der Tod war im Herzen angekommen und hatte es angehalten. Langsam lässt er die Hand der Großmutter aus seiner gleiten, steht auf und schaut auf sie herunter. Unendlich weit entfernt ist sie jetzt. Die Hakennase beherrscht das ganze Gesicht. Von ihr aus fließt alles zurück: Die Stirn flieht nach hinten und verläuft im dünnen weißen Haar, der zurückspringende, eingefallene Mund geht über in das Kinn und den dürren Hals. Alles ist Nase. Er heult wie ein Schlosshund, rennt aus dem Zimmer und schreit: „Oma ist tot!"

Stimmen rissen ihn aus seinen Gedanken. Er sah hoch. Vom nahen Sandstrand kamen vier Leute auf ihn zu. Voran eine Frau mit einem Kind auf dem Arm. Spanische Wortfetzen drangen herüber. Etwa zehn Meter vor ihm blieben die Vier wie angewurzelt stehen. Nur die Frau mit dem Kind auf dem Arm kam näher.

Das ist sie, die Mutter, dachte er. Er lüftete das Hemd, damit die Frau hineinspähen konnte und starrte von unten in ihr Gesicht. Die Frau sah auf das kleine Kind. Entsetzen stand auf ihrem Gesicht. Schluchzend drehte sie sich um und murmelte: „Dolores". Sie drückte ihr Kind fest an sich und ging zur Gruppe zurück. Die Vier verschwanden.

Das war nicht die Mutter! Das wusste er plötzlich. Die hätte geschrien! Aber wo war die Mutter? Jedes Kind hatte eine Mutter! Und wo war der Vater?

Stimmen rissen ihn aus seinen Gedanken. Er sah drei Männer über eine Steinmauer klettern. Einer davon trug eine Arzttasche. Der Arzt untersuchte die Leiche eingehend. Nein, das Kind sei nicht ertrunken, sagte er. Es sei bereits tot ins Wasser gekommen. Der Hals sei gebrochen. Man müsse davon ausge-

hen, dass es sich um ein Verbrechen handele. Er würde die Polizei rufen und der, der das Kind gefunden hatte, möge solange bleiben, bis die käme.
Er nickte. Etwa eine halbe Stunde später kamen zwei Polizisten. Sie schauten sich die Leiche an, ohne sie zu berühren. Sie ließen sich den Hergang schildern und verschwanden. Als sich die Sonne langsam dem Horizont näherte und die Schatten länger wurden, kam der Totenwagen. Im Schrittempo fuhr er über den felsigen, ins Meer mündenden Weg und hielt fünf Meter vor dem Wasser an. Türen schlugen, zwei Männer stiegen aus und schauten in seine Richtung. Er stand auf und winkte.
Die beiden zogen einen langen, in schwarzes Tuch gekleideten Sarg aus dem Wagen und setzten sich damit in Bewegung. Auf der Hälfte des Weges setzten sie ihn auf den Klippen ab und kamen zögernd näher. Vorsichtig traten sie an das Bündel heran. Der Mann lüftete das Hemd, damit sie hineinsehen konnten. Beide drehten sich nach kurzem Blick um, schauten aufs Meer und weinten. Als sie sich wieder gefasst hatten, sahen sie ihn an und sagten: „Gehen wir“. Aber sie gingen nicht. Sie starrten den Mann an, als ob sie sagen wollten: Du hast es bisher gemacht, mach du nun auch den Rest.
Es ist das Letzte, was ich für dich tun kann, kleines Kind, dachte er, nahm das Bündel auf die Arme und trug es dem Sarg entgegen. Der Weg schien unendlich lang. Nun stand er mit der kleinen, zusammengeschrumpften Leiche vor dem für einen Riesen gemachten Sarg und sah ratlos in die Leere. Wohin sollte er das Kind legen: Ans Kopf-, ans Fußende, in die Mitte? Was macht das jetzt noch aus, dachte er. Behutsam legte er das Bündel in der Mitte ab. Die Spanier legten den Deckel auf, schoben den Sarg in den Wagen und fuhren langsam landeinwärts.
Er drehte sich um und schaute aufs Meer. Gerade ging die Sonne unter. Dunstschichten machten ihr Rot fahl, so fahl wie die Wangen des Kindes zuletzt waren. Langsam tauchte die Sonne in die Wellen. Sie hatte ihren Kreislauf vollendet, ebenso wie das Kind im Sarg ihn vollendet hatte. Das ist der Sonnenuntergang des Kindes, dachte er.
In der Nacht kam das Kind zu ihm. Es erschien ihm im Traum. Er lag da und schaute aufs Meer. Von weit draußen näherte sich ein heller Punkt. Er wandelte über die Lichtleiter, die der Mond auf das Meer gelegt hatte. Der Punkt kam auf ihn zu, wurde größer und größer. Es war das Kind. Es lächelte. Als er nach ihm griff, löste es sich auf und erschien an einer anderen Stelle.
„Was willst du, Kind? Warum lässt du mich nicht in Ruhe?“

„Kennst du mich nicht? Ich bin doch Dolores.“
Er nickte.
„Kennst du auch meinen Papa?“
„Nein.“
„Mein Papa ist schön. Schwarze lockige Haare hat er. Sie fallen ihm bis auf die Schultern. Auch sein Bart ist lockig und schwarz. Er sieht aus wie der Mann auf dem Bild, das über meinem Bettchen hängt. Du weißt, der Mann mit dem brennenden Herzen in der Brust. Mein Papa lächelte wie er, als er ging ...“
Das Kind fuhr fort: „Es war Vollmond. Wie immer gingen Papa und Mama zum Meer. Mich nahmen sie mit. Wir saßen am Strand und schauten in den runden Mond. Papa und Mama nahmen die Nadel mit dem Röhrchen und pickten sich. Sie gingen dann ins Wunderland. Ich wollte mit, aber so sehr ich auch bettelte, sie pickten mich nicht. Der Mond schien ganz hell und ich konnte nicht anders: Ich musste hineinschauen. Er erzählte mir Geschichten. Sie waren schön, aber nicht so schön, wie die von Papas Wunderland. Ich sah deutlich vor mir, was Papa erzählte: Er schwebte durchs Wunderland und sah alles, denn er hatte überall Augen. Er sah den Käfer am Boden kriechen, der Arme und Beine hatte wie er. Er sah den Vogel durch die Lüfte gleiten, der Flügel hatte wie er. Er sah die leuchtendem Blumenfelder vor sich, die ihn lockten. Und er sah die finsteren Wälder hinter sich, die ihn zurückhielten. Papa hörte auch alles, denn er hatte überall Ohren. Das Flattern der Falter hörte er, das Wühlen des Regenwurms, das Wachsen der bunten Blumen und das Schweigen der erstarrten Bäume. Papa fühlte auch alles, denn sein Herz war weit wie die Welt um ihn herum. Die Last der Ameisen bedrückte ihn. Der Gleitflug der Schwalbe machte ihn leicht. Die farbigen Blumen ließen ihn lachen, die trauernden Bäume machten ihn weinen. Es gab nichts, was Papa nicht konnte: Er ging auf dem Regenbogen spazieren, stieg die Mondleiter empor, und er verwandelte sich in ein Blatt, um im Wind zu schaukeln. Bei Papas Geschichten schlief ich immer ein. Doch Mamas Stimme weckte mich. ‚Geh doch. Tu´s doch endlich’, schrie sie. Papa war zum Meer hinuntergegangen. Seine Füße waren bereits von den Wellen umspült. Ich rief: ‚Wohin gehst du, Papa?’ Er blieb stehen, schaute sich nach mir um und winkte mir zu. ‚Komm mit, Maria, ich nehm dich auf die Schultern und wir gehen heim.’ ‚Aber das ist doch da’, rief ich und zeige nach hinten. ‚Nein, das ist da.’ Papa wies mit dem Zeigefinger aufs Meer. ‚Geh doch mit’, sagte meine Mama böse und schubste mich nach vorn. Ich lief zu Papa. Er setzte mich auf seine Schultern und wir

gingen. Mitten in das glitzernde Mondlicht gingen wir hinein. Das Meer stieg an Papa empor. Es erreichte seine Knie, seine Lenden, seine Brust. Jetzt umspülte es meine Füße. Ich fror. ‚Lass uns heimgehen', bettelte ich. ‚Hab keine Angst, Maria, wir gehen zum Mond. Siehst du, er hat eine goldene Leiter für uns auf das Meer gelegt.' ‚Nein', wimmerte ich. ‚Lass uns heimgehen.' ‚Wir gehen ja heim', tröstete Papa. ‚Bald sind wir da.' Immer weiter ging er. Das Wasser kroch an mir empor, immer höher kroch es. Ich schrie: ‚Ich will nicht in das kalte Wasser, ich will nicht, ich will nicht.' Papa drehte sich um und ging zurück. Langsam tauchten wir wieder aus dem Meer auf. Im flachen Wasser setzte er mich ab, gab mir einen Kuss und sagte: ‚Lauf zurück.' Ich rannte so schnell ich konnte. Erschöpft warf ich mich in Mamas Schoß und verbarg meinen Kopf darin. Ganz vorsichtig sah ich mich nach einer Weile wieder um. Wo war Papa? Ich suchte ihn auf dem Meer, fand ihn aber nicht. Nur weit draußen entdeckte ich einen dunklen Punkt. Als ob ein kleiner, schwarzer Ball auf den glitzerndem Wellen schaukelte, so sah es aus. ‚Ist das Papa?', fragte ich. Mama schwieg und starrte finster aufs Meer."

„Kennst du meine Mama?" fragte das Kind den Mann.

„Nein, ich habe sie noch nie gesehen", sagte der Mann.

„Langes blondes Haar hat sie. Sie kämmt es solange, bis es wie ein goldener Bach in ihren Nacken fließt. Ihr Gesicht ist schön. Wenn sie lächelt geht mein Herz auf und ich bin froh. Aber manchmal zerbricht ihr Gesicht und es hat einen Sprung. Dann sieht sie zum Fürchten aus, und ich friere.

Als sie am Tag darauf mit mir auf die Klippen ging, hatte sie das Gesicht zum Fürchten und ich hatte Angst. Sie hockte sich hin, nahm mich zwischen ihre Beine und starrte mich mit aufgerissenen, grellen Augen an. Ich wollte weg, aber ich konnte es nicht. Ich war wie gelähmt. Sie legte ihre Hand auf meine Stirn und drückte sie nach hinten. Immer fester drückte sie. Ich spürte einen Ruck. Mein Kopf purzelte davon. Ich war sehr traurig. Ich hatte meinen Kopf verloren ... Ich lag im Meer. Die Wellen hielten mich in ihren Armen und wiegten mich. Eija-popeija, flüsterten sie ... Ein Mann kam angeschwommen, nahm mich auf die Arme und trug mich an Land. Er küsste mich und hob mich mit ausgestreckten Armen hoch. Leicht wie ein Vogel schwang ich mich in die Luft.

Ich sah alles, hörte alles, fühlte alles. Ich war da, wo Papa war."

Lange lag der Mann nach dem Traum wach und führte Selbstgespräche. Er verspottete und beschimpfte sich. Gegen Morgen hatte er einen Gedanken,

der ihm fast entglitt, weil er einzuschlafen drohte: Jahrzehntelang hast du jeden Gedanken an den Tod gemieden wie die Pest. Gelebt hast du, als ob du ewig jung bleiben könntest und der Tod etwas ist, das nur andere betrifft. Nun kommt ein Kind daher, tippt dich mit dem kleinen Finger an und schon begreifst du, dass du ein Narr gewesen bist.
Noch im Schlaf lächelte er. Nach Jahrzehnten der Verdrängung und Ignoranz hatte er zurückgefunden zu den Quellen seiner Kindheit, in der die Fantasie den Tod umkreiste wie das große Geheimnis, das es zu ergründen galt. Am Tag darauf schrieb er sein erstes Gedicht über die Angst vor dem Tod.

Bevor ich meinen letzten Seufzer tue, fliehe ich, verkriech
ich mich in einen Schoß, in den Schoß der Mutter, die mich,
schreiend vor Entsetzen, in das Leben warf.
In den warmen feuchten Falten werd‘ ich mich
verkriechen, halte ich den Atem an, stelle ich mich tot,
hoffend, dass der Tod vorübergeht. Aber ER wird mich
wittern. Meine Angst, die Dünste des Vergehens, die aus
allen Poren strömen. Noch nie hat er den gelassen, der an
der Reihe ist. Ans Licht wird er mich zerren, stoßen ins
Nichts, preisgegeben dem Unbekannten, vor dem ich
schlotternd floh.

Ich werde um mich schlagen, zucken, beißen, spucken,
zappeln. Schreien werd' ich, winseln, wimmern, stöhnen,
röcheln. Aber schließlich werd' ich mich ergeben und mich
strecken, froh, dass es getan ist, dass die Angst, die Unrast
von den Schultern fällt.
Der Schoß der Mutter Erde nimmt mich auf.
Zwischen meinem ersten Schrei und meinem letzten
Seufzer lag nur eine Spanne Zeit.
Was übrig bleibt, ist
eine Handvoll Staub und ein Funke, der ins Lichte taumelt.

Das Stahlross und der Droschkengaul

Eines Tages kam mein Herr mit einem stinkenden Ungetüm in den Stall gefahren. Mit stolz geschwellter Brust sagte er zu mir: „Du hast ausgedient, Alter. Ab morgen bekommst du dein Gnadenbrot." Er schlug mir auf die Hinterbacke und verschwand. Als mein Herr am anderen Morgen kam, stellte ich mich vor das Ding da, um mich einspannen zu lassen. „Du Dummkopf", rief mein Herr, „ab in die Ecke. Du wirst hier nicht mehr gebraucht." „Wie das?" fragte ich, „ein Gefährt braucht ein Pferd, das es zieht."
„Das hier nicht. Das hat selber Pferde in Hülle und Fülle."
„Und wo sind die?", fragte ich ungläubig.
„Hier, fünfzig Pferde sind hier drin." Dabei klopfte mein Herr auf das Vorderteil des Dings da.
„So so. Ich sehe aber nichts." Ich schaute mich im Stall um.
„Ich will es dir erklären. Stell dir eine Kutsche vor. So viel Pferde sind davor gespannt, wie Finger ich an den Händen habe. Zehn. Fünfmal so viel Pferde sind fünfzig Pferde." Dabei streckte mein Herr fünfmal alle zehn Finger in die Luft.
„Aber so viele Pferde haben doch keinen Platz hier im Stall. Und wie willst du sie einspannen? Und wer soll sie lenken? Und wie willst du sie satt kriegen? Und wohin mit den Pferdeäpfeln?" Ich schüttelte den Kopf. „Höre", sagte ich zu meinem Herrn, „es ist bei uns folgendes überliefert: Es gab einmal einen König, dem gehörte weit und breit alles. Fuhr er in seinen Landen umher, stieg er in eine große Kutsche. Davor waren zwei Handvoll Pferde gespannt. Ein größeres Gespann hat es nie gegeben. Und bedenke, der Mann in der Kutsche war ein großer König."
„Das war einmal. Heute kann sich ein Mann wie ich fünfzig Pferde leisten – und mehr."
Abends beschnupperte ich das neue Gefährt gründlich von oben bis unten, von vorn bis hinten. Ich war enttäuscht und verwirrt. Überall roch es nach nichts. Nur hinten stank es nach Wagenschmiere und nach etwas, das beißend in die Nase stach. Ich stieß dem Unding mit meinem Kopf in die Rippen, aber ich stieß gegen Kaltes, Hartes. Da war kein Fell, kein Magen rumorte, kein Wiederkauen war zu hören. Ich drehte mich um und versetzte im Weggehen dem Ding einen Tritt, nur so eben. Es dröhnte so stark, dass ich erschrak.

Da stürzte mein Herr herein, entdeckte den Tritt meines Hufes, schrie los, riss die Peitsche vom Haken und hieb auf mich ein. Ich ließ es geschehen. Als er ging, sagte er: „Ich werde dich abschaffen müssen. Du und das, das geht nicht zusammen. Ich werde dich verkaufen. Aber hoffentlich nimmt dich einer. Denn der Jüngste bist du auch nicht mehr.“

Der Berber und der ausgediente Droschkengaul

Ein kleiner alter Mann schob sich durch die Nacht. Er strebte seinem Schlafplatz in einer Einkaufs-Passage auf der Nobelstraße der City entgegen. Da gab es Kellerschächte, aus denen warme Luft strömte. Das mit kleinen Schritten herantrippelnde Kerlchen sah aus, als ob ein eckiges, durch Schnüre zusammengebundenes Stoffpaket aus dem Nichts auftauchte. Doch als das wandelnde Etwas näher kam, sah man, dass es aus übereinander angezogenen Mänteln und Hosen bestand, in denen ein etwa 160 Zentimeter großes Männlein steckte. Der Hals reckte sich aus den Kragenschichten, an den kleinen, sich in den Ärmeln versteckenden Händen hingen drei prall gefüllte Plastiktüten, in denen der ganze Besitz verstaut war.
Zielstrebig ging der kleine Mann auf einen Stahlrost in der hintersten Passagenecke zu und stellte seine Plastiktüten ab. Eine Weile blieb er auf dem Rost stehen und genoss, sich die blutleeren kalten Hände reibend, die aufsteigende Wärme. Sie floss zwischen die Stoffhüllen auf seinem Körper und füllte die Schichten dazwischen mit Wärme.
Erleichtert aufseufzend begann er, sich aus seinen Hüllen zu pellen. Zuerst fiel der weite Umhang aus verschlissenem Velours. Dann schälte er sich erst aus einem heruntergekommenen grauen Wintermantel, dann aus einer Tweedjacke – fünf Nummern zu groß. Schließlich entledigte er sich eines sackartigen, zu einem Kettenhemd verfilzten Pullovers. Doch immer noch nicht stand er nackt da. Mehrere Schichten Ober- und Unterhemden bedeckten den erbärmlich dünn wirkenden Oberkörper.
Mit der gleichen Sorgfalt entledigte er sich dann seiner wattierten Hose und streifte zwei lange Unterhosen ab. Nur noch bekleidet mit einer grauen, ehemals weißen Wollunterhose und mehreren Unter- sowie Oberhemden, legte er die ausgezogenen Sachen säuberlich auf den Luftschacht und kroch dazwischen. „Wieder einen Tag geschafft“, seufzte er, angelte zielsicher einen Flachmann aus einer der Plastiktüten, trank einen Schluck und fiel in einen tiefen Schlaf.
Gegen Morgen hörte er Geräusche, die ihm vertraut vorkamen. Sie erinnerten ihn an seine Kindheit. Halb noch im Schlaf sah er einen Jungen, der ein Pferd am Halfter über den gepflasterten Hof führte. Tack, tack, tack. Kein Zweifel, es waren die Hufschläge des Fohlens Assan, und der, der Assan führte, war er

selbst. Er riss die Augen auf. Da, wieder das Tack, Tack. Nun war er hellwach und horchte in den Passagentunnel.
Vorn an der Straße bewegte sich etwas. Er kroch aus den Stoffschichten und schlich nach vorn. Er sah den Schattenriss eines Pferdes und eines Mannes. Der Mann sprach auf das Pferd ein, aber der kleine Mann verstand die Worte nicht. Dann ging der Mann. Gebückt schlich er sich davon. Das Pferd drehte seinen Kopf nach hinten und sah dem kleinen Mann entgegen.
„Was machst du hier?“, fragte der kleine Mann.
Als ob es die selbstverständlichste Sache der Welt sei, antwortete das Pferd: „Ich stehe hier und warte.“
„Auf was?“
„Auf meinen Fuhrmann.“
„Der ist weggegangen.“
„Er wird schon wiederkommen und mich vor die Droschke spannen.“
Langsam ging der kleine Mann um das Pferd herum. Sein Blick fiel auf ein Schild vorn am Futtersack. Mit ungelenk geschriebenen Buchstaben stand da zu lesen: Ausgedienter Droschkengaul bittet um milde Gabe.
„Verrückt“, sagte der kleine Mann und musterte den Gaul neugierig. Der aber senkte seinen Kopf tiefer und tiefer in den Hafersack. „Ich versteh’ die Welt nicht mehr“, schnaubte er.
„Schon gut“, sagte der kleine Mann. „Versuch dein Bettlerglück. Du wirst schon sehen.“ Langsam schlurfte er zurück zum warmen Bett auf dem Stahlrost und verkroch sich zwischen den Mänteln, Jacken und Hosen.
Es war noch dunkel, als die ersten Passanten auftauchten. Die meisten huschten, den Kopf tief in den hochgestellten Mantelkragen gesteckt, vorbei und übersahen den Gaul.
Der erste, der ihn bemerkte, kam torkelnd daher. Verdutzt trat er näher, las, schüttelte den Kopf, kicherte, griff mit beiden Händen in die Manteltaschen und durchsuchte sie. Mit Bierdeckeln, Papierfetzen, zerkrümelten Keksen und einigen Münzen kamen die Hände wieder zum Vorschein. „Da“, sagte der Mann, „mach dir einen netten Tag“, und leerte den Inhalt der Hände in den Hafersack.
Ein junges Mädchen kam, sah den Gaul, las das Schild und bekam mitleidvolle Augen. „Armes Pferd“, sagte es, trat vorsichtig heran und streichelte mit vorgestrecktem Zeigefinger das Fell. Dann öffnete es die Handtasche, holte seine Butterbrote heraus, pellte sie aus dem Papier und ließ die Brote in den Hafer-

sack fallen. Köstlicher Getreidegeschmack stieg dem Gaul in die Nase. Das Wasser lief ihm im Maul zusammen.
Die Geräusche vorn beim Gaul machten den kleinen Mann immer neugieriger. Er kroch aus seinem Bett heraus, zog sich in umgekehrter Reihenfolge wieder an, trippelte nach vorn und sah den Geschehnissen zu.
Ein gut gekleideter älterer parfümierter Herr kam näher, besah sich Gaul und Schild, schüttelte den Kopf, als ob er die Welt nicht mehr verstehe, holte die Brieftasche hervor, entnahm ihr einen Geldschein und versenkte ihn ihm Hafersack. „Kauf dir Hafer, alter Freund." Dann überlegte er einige Augenblicke, holte eine Visitenkarte heraus und kitzelte darauf: „Ehrlicher Finder, kaufen Sie in meinem Namen so viel Hafer, wie der Schein wert ist. Ich bedanke mich. Willi B. Pferdeliebhaber." Lange macht der Gaul es nicht mehr, dachte er beim Weggehen.
Der kleine Mann verstand die Welt nicht mehr. Bei ihm, einem Menschen, gingen sie vorbei, als ob da ein Häufchen Dreck hockte, bei einem Tier aber waren sie gerührt. Ein Gedanke schoss ihm durch den Kopf. Wenn er, ein ausgedienter alter Kerl, so gut wie nichts von den Leuten bekam, die gleichen Leute einem ausgedienten alten Gaul aber gaben und gaben, dann ließe sich doch ein Deal machen. Begehrlich betrachtete er den gefüllten Hafersack. Da waren sicher Sachen drin, von denen ein alter obdachloser Berber wie er nur träumen konnte.
Langsam ging er zum Gaul, sah ihn an und sagte: „Wir machen Halbe-Halbe. Du gibst mir das, mit dem du nichts anfangen kannst. Ich sorge als Gegenleistung dafür, dass du immer genug zum Fressen und Saufen hast." Der kleine Mann streckte dem Gaul die Hand entgegen. Das Pferd sah den Mann groß an.
„Ich zeige dir, wie ich das meine." Er verschwand in der Dämmerung und kam nach kurzer Zeit mit einem Arm voll Gras aus dem nahen Park wieder. Er hielt das Gras dem Gaul unter die Nase. „Ah, du kannst so nicht fressen. Gut. Ich nehme den Hafersack ab und lege das Gras auf den Boden." Im Nu hatte er den Sack gelöst, und während der Gaul mit gebeugtem Hals fraß, kippte der kleine Mann den Sack aus und begann den Inhalt zu sichten: Schokolade, Gebäck, Butterbrote belegt mit delikat riechendem Aufstrich, Papierstücke, ein Bierdeckel, ein Präservativ ... und da, Münzen und Scheine. Mit geübtem Blick überschlug er die Einnahmen. Mindestens fünfzig Mark waren zusammengekommen. Sorgfältig steckte er das Geld ins Innenfutter des weiten Man-

tels und verstaute das Fresszeug in einer aus dem Rinnstein aufgeklaubten Plastiktasche.
Inzwischen war es hell geworden. Die ersten Passanten kamen zum Einkaufsbummel. An der Passage blieben bei dem Gaul immer mehr Menschen stehen. Viele schüttelten den Kopf.
„Jetzt gehen schon die alten Gäule betteln“, sagte ein alter Mann.
„Sind Sie nicht auch so was wie ein alter Gaul?“, fragte ihn giftig eine kleine Frau mit weißen Kringellöckchen. Dann öffnete sie ihre Ledertasche, entnahm ihr einige silbrig blinkende Münzen und hielt sie in die Luft. „Hallo Sie da, ja Sie“, rief sie in die Richtung des kleinen Mannes und winkte ihn heran. „Sind Sie der Halter?“
Der Penner nickte, zuckte aber gleichzeitig mit den Schultern. Vorsicht war geboten. Ein falsches Wort, schon kam der Ruf nach der Obrigkeit. „Also, wenn Sie der Halter des armen Pferdes sind und offensichtlich selbst nichts haben, so mache ich jetzt eine Kollekte.“ Dann rief sie: „Meine Damen und Herren, ich möchte Sie bitten zu spenden.“ Sie nahm ihr kleines Hütchen vom Kopf und ging auf die Herumstehenden zu. Keiner verweigerte sein Scherflein. Dann ging sie zum kleinen Mann, schüttete ihm die Münzen in die offenen Hände und sagte: „Sorgen Sie gut für ihn.“
In diesem Moment durchpflügte ein riesengroßer gut gekleideter Mann die Menschenmenge. „Gehen Sie auseinander“, rief er. „Machen Sie die Passage frei, damit ich mein Geschäft öffnen kann. Sonst rufe ich die Polizei.“ Aber die war schon im Anmarsch. Zwei junge Polizisten – ein Mann und eine Frau – näherten sich schnellen Schrittes. Als sie das Pferd sahen, blieben sie verblüfft stehen. Der Polizist gab sich einen Ruck und ging auf das Pferd zu. „Schau mal Irma, was da steht: Ausgedienter Droschkengaul bittet um milde Gabe“, buchstabierte er. Die Polizistin Irma schaute in die Runde und fragte, ihr Notizbuch zückend: „Wem gehört das Pferd?“
Nach einer Pause hob die weißhaarige Dame den Zeigefinger und deutete auf den kleinen Mann, der in diesem Moment am liebsten im Erdboden versunken wäre. „Dem da“, sagte sie.
„Ist das Ihr Pferd?“
„Direkt nicht. Es ist mir zugelaufen.“
„Also, was denn nun?“
„Es stand einfach da, und ein Pferd, das herrenlos da steht, kann man doch nicht stehen lassen.“

Der Polizist nahm sein Funkgerät und wählte das naheliegende Revier an. „Obermeister Reuters“ meldete sich eine harte Stimme. „Wir haben hier zwei Stadtstreicher aufgegriffen“, sagte der Polizist kichernd. „Einer davon ...“ Die Stimme unterbrach:
„Bringt sie aufs Revier!“
„Frag ihn, ob in Handschellen“, sagte Polizistin Irma grinsend.
„Auf die Seite, Leute“, rief der Polizist, „Pferde keilen aus, wenn sie sich bedrängt fühlen.“ Dann winkte er dem Pferd energisch, ihm zu folgen. Das Pferd rührte sich nicht. „Xxs“, zischte der kleine Mann und ging dem Ausgang zu. Das Pferd folgte ihm. Vor dem Revier sagte er: „Wo soll ich ihn anbinden? Es gibt nichts dafür. Ich muss ihn mit reinnehmen“. Er sah die Polizistin fragend an. Sie nickte und öffnete die Eingangstür sperrangelweit. „Mach dich kleiner, Gaul, sonst kommen wir nicht durch“, sagte der kleine Mann und zog den Kopf des Pferdes am Halfter nach unten.
Nun standen sie vor dem Chef. „So, so, zwei Stadtstreicher“, sagte er grinsend. „Dich kenne ich. Du bist doch Jockey-Jonny!“ Der kleine Mann nickte.
„Wann haben wir uns zum letzten Mal gesehen?“
„Vor gut zwei Jahren. Damals habt ihr mich beim Einbruch erwischt.“
„Richtig, aber es war kein Einbruch, wie sich später zeigte. Es sollte nur so aussehen als ob.“
„Ja,“ sagte der kleine Mann.
„Trotzdem hast du drei Monate im Bau gesessen.“
„Das war so geplant. Es war Winter. Draußen war es kalt und im Bau war es warm.“ Beide lachten.
„Der Gaul hier, ist das deine neue Nummer?“ fragte der Chef.
„Schauen Sie ihn doch an. Nur Haut und Knochen, die Zähne wackeln.“
„Du hast ihn also nicht geklaut?“
„Er ist keinen Pfifferling wert. Er bringt nur Ärger.“
Der Chef nickte, griff zum Telefon und wählte. „Schlachthof? Gut. Ich hab auf dem Revier ein Pferd. Nur Haut und Knochen. Es muss weg. Delikt? Es bettelt in der City und erschreckt die Leute. Ein öffentliches Ärgernis. Ja, ein Pferd, ein Gaul, ein Klepper. Was? Nicht eure Sache? Ein Fall für den Abdecker? Und wie krieg ich den? Warten Sie. 348927. Ich versuche.“
„Du musst ihn zum Abdecker bringen, Jockey-Jonny“ sagte der Chef, während er 348927 wählte.
Der kleine Mann war inzwischen wütend geworden. So geht man nicht mit

unsereinem um, dachte er, zog den Kopf des Pferdes nach unten und flüsterte in sein Ohr: „Hör zu, Gaul. Lass jetzt deinen Strahl ab. Tu dein Bestes. Wir müssen raus hier. Sie wollen dich töten und ich soll dich ans Messer liefern. Los, lass fließen. Weiter so.“ Die Schleusen seiner Blase so weit wie möglich öffnend, ließ der Gaul es laufen. In dem winzigen Revier stieg der Urinpegel höher und höher.

„Raus mit euch“, rief der Chef. Der kleine Mann führte den Gaul am Futtersack nach draußen und – als sei es so befohlen – gingen Pferd und Mann weiter, bogen um die Straßenecke, schlugen einen Haken in die entgegengesetzte Richtung und machten sich aus dem Staub.

„Die sind abgehauen“, sagte die Polizistin und sah den Chef fragend an.

„Ein Problem weniger“, sagte der Chef. „Aber wenn Sie was tun wollen, dann holen Sie ein paar Eimer Wasser und spülen das Zeug hier raus.“

Der Droschkengaul macht sich davon

Erst bei Dunkelheit erreichten der Berber und der Droschkengaul den stillgelegten Autofriedhof draußen vor der Stadt. „Hier sind wir sicher“, sagte der kleine Mann zum Gaul und schlug ihm aufmunternd auf die Kruppe. „Friss erst mal, dann sehen wir weiter.“ Der Gaul schüttelte den Kopf. „Ich habe keinen Hunger.“

„Schau dir das Gras an. Grün und frisch.“

„Ich bin zu müde hinzuschauen“, schnaubte der Gaul und ließ sich auf den Boden sinken. Der Berber holte einen Arm voll Gras und hielt ihm ein Büschel vor das Maul. „Ich will nicht mehr“, schnaubte der Gaul und wälzte sich auf die Seite.

„Was willst du nicht mehr, Gaul?“

„Nichts will ich mehr.“

„Wir beide könnten ein gutes Leben haben. Mir gehen da Sachen durch den Kopf, verrückte Sachen. Lass mich erzählen.“

„So so.“

„Wir treten zusammen auf. Du als Ross, ich als Reiter. Wir besuchen alle Feste, die die Leute ringsum feiern.“

„So so.“

„Wir stellen das Reiterdenkmal vom Alten Fritz dar. Oder das von Sankt Martin. Ich sitze in Kleidern auf deinem Rücken und teile meinen alten Mantel in zwei Teile. An einem Fetzen hängt der Futtersack mit der Inschrift: Zwei ausgediente Gäule bitten um milde Gabe. Du wirst sehen, da lässt sich keiner lumpen.“

„So so“, schnaubte der Gaul.

„Noch besser, du trittst als Wahrsager auf. Die Leute nennen dir ihre geheimen Wünsche und du antwortest mit Mähnewerfen, Kopfnicken, Scharren, Wiehern, und ich übersetze die Zeichen in Worte. Glaub mir, ich weiß, was Menschen gerne hören.“ Der Berber kicherte in sich hinein. Der Gaul schwieg. Er hatte keine Lust mehr, sein „so so“ zu schnauben. Auch die Nacht schwieg. Traurig stand der kleine Berber auf und starrte in den Himmel, der sich sternenbesät über ihn wölbte. „Ein Männlein steht im Walde ganz still und stumm“ summte er in sich hinein, um sich in der wachsenden Stille ein wenig

aufzumuntern. „Sag' wer mag das Männlein sein", summte er weiter, „das da steht im Wald allein, mit dem abgewetzten Mäntelein ..."
Wenn die Kinderlieder wieder zu einem zurückkommen, wird man alt, hatte seine Großmutter gesagt. Immer mehr Kinderlieder kamen in letzter Zeit zu ihm zurück. Der Berber kroch zum Gaul und bettete seinen Körper in die Mulde zwischen Brust und Schädel. Sein Kopf ruhte auf dem weichen Fellkissen des Pferdehalses. Er horchte in das Pferd hinein und zählte die Blutwellen, die das Herz durch die Schlagadern pumpte.
Er macht sich davon, dachte er, streckte seinen Arm aus und kraulte den Gaul hinterm rechten Ohr. Der Gaul spürte, dass ihn eine sanfte Hand berührte, die die Schmerzen aus den Gliedern streichelte, die das Gewicht des kleinen Mannes leichter machte, die die letzte Ungeduld besänftigte, die das ausgediente Herz zur Ruhe kommen ließ.
Von fernher drang helles Wiehern an sein Ohr. Ein großer schwarzer Hengst trabte auf ihn zu. „Komm", sagte er. Dann stieg der Hengst in die Luft und galoppierte davon. Auch die Füße des Gauls stiegen in die Luft und trugen ihn nach oben.
Den ausgedienten Droschkengaul ließ er zurück.
Stocksteif und eiskalt war der Gaul, als der kleine Berber in aller Frühe aufwachte. Auch in ihn war die Kälte eingedrungen. Mühsam kam er auf die Füße. Wie eine Vogelscheuche stand er einsam da. Er wusste, jetzt konnte ihm nur eines helfen: ein kräftiger Schluck Korn. Er kramte den Flachmann aus der Innentasche seines Mantels, schraubte die Flasche auf, setzte sie an den Mund und ließ sie leerlaufen.
Das Leben kehrte in ihn zurück. Er kramte seine Sachen zusammen, hängte sich den Futtersack des Gauls um den Hals und schlurfte davon. So einen Futtersack kann man vielleicht noch mal gebrauchen, dachte er.

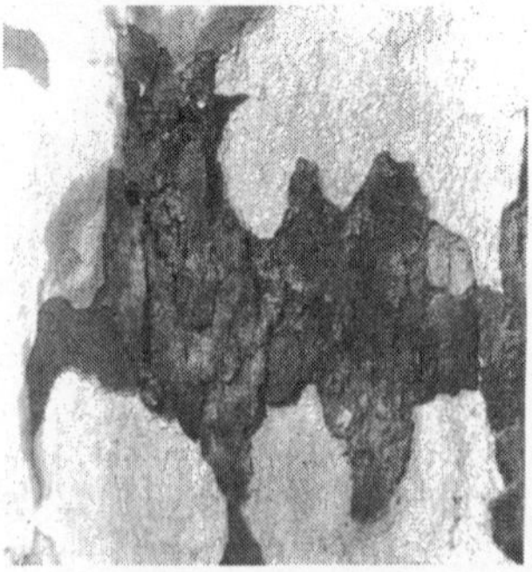

Der Baum erzählt sein Sterben

Harmlos fing alles an. Eines Tages meldete sich ein Blatt. Ich weiß nicht, was mit mir los ist, flüsterte es. Das Atmen macht mir Mühe. Meine Haut ist grau und fühlt sich an, als ob der Herbst schon da wäre. Dabei ist Frühling und alle anderen Blätter sind grün.
Vielleicht redest du dir das nur ein. Vielleicht hat ein Insekt Gift in dich gespritzt. Die anderen Blätter versuchten, das kranke Blatt zu trösten und der Ast, an dem es hing, gab ihm den Rat: Wiege dich im Wind. Dann wird alles wieder gut.
Ich will es versuchen, sagte das Blatt und schwang sich mit den anderen im Wind. Wenig später meldete sich das Blatt erneut. Es ist schlimmer geworden. Es schnürt mir die Luft ab. Meine Haut hat Pickel und Pocken und reißt überall ein. Was habe ich nur? Nein, mir ist gar nicht wohl.
Mir auch nicht, rief ein anderes Blatt.
Mir auch nicht, mir auch nicht, mir auch nicht, hallte es von allen Seiten.
Aber das war nur der Anfang, seufzte der Baum. Von Tag zu Tag wurden mehr Blätter krank und es wurde immer schlimmer. Meine Blätter litten an Krämpfen, schüttelten sich im Fieber und die Pickel und Pocken eiterten. Eine schlimme, ansteckende Seuche musste das sein.
Wurden zuerst nur die Blätter krank, so wurden auch bald die Zweige und Äste befallen und schließlich breitete sich das Übel auch im Stamm aus. Ich war ratlos. Was war mit mir los? Mein Leben lang hatte ich Jahr für Jahr neue Zweige und Blätter getrieben und immer waren sie gesund gewesen. Oder lag es an der Nahrung, die aus dem Boden kam? Sie schmeckte so anders als früher.
In meiner Not fragte ich meine Wurzeln: Was schickt ihr für eine Nahrung hoch? Die Wurzeln antworteten: Alles ist anders hier unten. Wir bekommen Nahrung vom Boden, die bitter schmeckt und von der uns übel wird. Aber was sollen wir tun? Wir müssen nehmen, was wir bekommen. Frag also den Boden, wenn du mehr wissen willst.
Ratlos fragte ich den Boden: Warum gibst du uns Nahrung, die schlecht schmeckt und krank macht? Der Boden antwortete: Ich weiß es nicht. Woher soll ich es auch wissen. Ich gebe doch nur weiter, was mir der Regen gibt. Frag den Regen.

Ratlos fragte ich den Regen: Du hast uns bisher immer gut versorgt. Warum jetzt nicht mehr? Was ist passiert? Da antwortete der Regen: Ich kann mich nicht mehr retten vor Klagen. Alle wollen das Gleiche wissen. Aber ich weiß es nicht. Sag selbst, was kann ich schon machen. Ich komme aus dem Meer, steige in die Luft, balle mich zur Wolke, werde vom Wind in alle Himmelsrichtungen getragen und wenn ich niedergehe, gebe ich das weiter, was ich empfangen habe auf dem langen Weg.
Ich ließ dem Regen keine Ruhe und fragte weiter: Kann es sein, dass das Übel aus der Luft kommt?
Woher soll ich das wissen? Frag sie selbst.
Ratlos fragte ich die Luft: Du bist immer unterwegs, hörst viel, siehst viel, weißt viel. Sag mir, warum bin ich nur so krank? Da antwortete der Wind: Die Wolken, die in mir schwimmen, sind nicht mehr so wie früher. Sie sind so bitter, dass ich mich manchmal ekele und mich übergeben möchte. Aber was die Wolken bitter macht, das weiß ich auch nicht. Ich kann dir nur eins sagen: Du bist nicht allein krank, Baum. Auch der Strauch ist krank, das Getreide, das Gras, das Kraut, die Blume, alles siecht dahin.
Dann sag mir eins, bat ich die Luft: Was kann ich gegen diese schlimme Krankheit tun?
Ich weiß es nicht, antwortete der Wind.
Ja, was konnte ich schon tun. Ich musste es nehmen, wie es kam, denn ich war fest im Boden verwurzelt.
Der Sommer ging, der Herbst kam. Die Blätter welkten und bei den ersten Winterfrösten fielen sie lautlos ab.
Vielleicht fällt mit ihnen die Krankheit ab, dachte ich und nahm mir vor, bis zum nächsten Frühjahr neue Kräfte zu sammeln.
Endlich kam der Frühling. Es regnete in Strömen. Die Erde troff, die Bäche liefen über, das Wasserbecken tief im Boden füllte sich. Auch die Sonne stieg und zog immer weitere Kreise. Alles schien gut zu werden. Die Wurzeln bekamen satt zu trinken und zu essen und schickten reichlich Nahrung hoch und ganz so schlecht schmeckte sie nicht mehr.
Pünktlich, als ob nichts geschehen wäre, schossen die Knospen hervor und wuchsen sich zu Blättern aus. Aber oh Schreck! Die Blätter waren kümmerlich. Brüchig waren ihre Adern und rissig ihre Haut und das Grün sah aus, als ob mir die Farbe ausgegangen sei.
Und was war mit den Vögeln los? Warum mieden sie mich? Als das Rotkehl-

chen vorbeiflog, sprach ich es an: Jahr für Jahr bist du zu mir gekommen und ich habe dich beköstigt. Warum fliegst du jetzt an mir vorbei?
Wenn ich die Insekten fresse, die in dir hausen, wird mir übel, antwortete der kleine Vogel. Aber fressen muss ich. Was soll ich tun, Baum, sag es mir.
Flieg davon, Vogel. Du hast Flügel. Flieg dahin, wo es gesunde Nahrung gibt.
Weit bin ich geflogen. Aber wohin ich auch kam, nirgendwo habe ich gesunde Kost gefunden. Ich frage dich noch einmal: Was soll ich tun, Baum?
Ich weiß es nicht, Vogel mit der roten Kehle.
Aus dem Boden kamen immer schlimmere Nachrichten. Meine Wurzeln trugen sie mir zu. Hier unten ist die Hölle los, sagten sie. Den Ameisen bekommen die Würmer, den Tausendfüßlern die Ameisen nicht mehr und die Springschwänze spucken die Läuse wieder aus. Einer wird am Andern krank. Wo soll das enden?
Besonders hart traf es den Regenwurm. Er kroch aus dem Boden, wand sich in Qualen und schrie um Hilfe.
Ich beugte meinen Ast herunter und sagte: Was tust du auch hier oben, Wurm. Kriech zurück in den Boden und tu deine Wühlarbeit. Das wird uns allen helfen.
Im Boden kann ich nicht mehr leben, wimmerte der Wurm. Was ich auch fresse, es brennt den Darm kaputt. Wohin ich auch krieche, es brennt tiefe Löcher in die Haut. Da unten gehe ich ein und so bin ich nach hier oben geflohen. Aber hier oben kann ich erst recht nicht leben. Hier, in der Luft, verdunste ich mich zu Tode. Sag mir, Baum, was soll ich tun? Ja, was sollte der Wurm machen. Und was sollten wir Bäume machen, wenn der Wurm seine Wühlarbeit im Boden nicht mehr tat?
Es kam, wie es kommen musste, schloss der Baum seufzend. Wir sterben dahin. Aber warum, das wissen wir bis heute nicht.

Der Fabelbaum

Auf einem der Streifzüge durch die Oliven-Haine im Hinterland traf der Mann den Fabelbaum. Umgeben von anderen respektablen Olivenbäumen, die ihn wie Hofschranzen umstanden, thronte er beherrschend auf der Anhöhe. Als der Mann die wie auf einer Theaterbühne arrangierte Gruppe von weitem entdeckte, wusste er, dass ihn da eine große Inszenierung erwartete. Langsam näherte er sich der Szene, fast erfurchtsvoll umkreiste er mehrfach den riesigen Baum in der Mitte und entdeckte nach und nach die rundum laufenden Darstellungen in seinem Stamm.

Vom Baum in der Mitte ging eine Kraft aus, die ihn anzog. Er trat näher. Die plastisch geprägten Bilder im Stamm fesselten ihn. Schritt für Schritt umrundete er den Baum. Mit jedem Schritt erschlossen sich neue Bilder. Sie schienen zusammenzugehören und eine geheimnisvolle Fabel zu erzählen.

„Du bist der Fabelbaum", sagte der Mann. Dann hockte er sich hin und begann die im Baum eingegrabenen Bilder zu entschlüsseln. Mehrfach griff er zwischendurch zum Fotoapparat, um, wie üblich, Bilder zu schießen. Aber immer begriff er, dass jetzt nicht die rechte Zeit dazu war.

Irgendwann holte er aus der Seitentasche seines Parkas Bleistift und Papier und begann zu schreiben.

Es mag ein Punier aus Afrika gewesen sein,
der den ersten Oliventrieb setzte.
Es mag aber auch ein Römer
aus der Legion des Flavius Pontius gewesen sein ...
oder ein Sklave,
der in den römischen Steinbrüchen arbeitete ...
Welcher Herkunft er auch war,
an welchen Gott er glaubte –
dem Olivenbaum ist eine Hand wie die andere:
Er wächst und trägt
hundert und aberhundert Jahre,
wenn man ihn lässt.

Einige Tage später besuchte er den Fabelbaum erneut. Vielleicht, so hoffte er, würde er ihn einlassen in sein Reich der Mythen und Sagen. Einige Stunden war er mit dem Baum alleine. Mit einer Geduld, die er bisher noch nicht bei sich erlebt hatte, vertiefte er sich in die Bilderfolgen, betrachtete sie mit wachen Augen, fuhr mit seinen Händen in die Schrunden und Spalten und folgte den Strukturen der Rinden- und Holzstränge. Langsam – das spürte er – nahm der Baum ihn an. Er bedankte sich mit einem Gedicht.

Ruhig und gelassen wachsen:
Treiben, reifen, tragen.
Früchte, voll von Öl.
Ruhig und gelassen hinnehmen:
Blitze, die spalten
Winde, die beugen
Hagel, die gerben
Parasiten, die fressen.
Sich krümmend weiterwachsen:
Treiben, reifen, tragen
ruhig und gelassen,
bis das Mark des Lebens ausgetrocknet ist.
Versteinert harren:
Künden mit den Narben, Schrunden, Malen,
die den Körper überdecken
vom Atem der Unendlichkeit.

Beim dritten Besuch trat er mit der Kamera in der Hand vor den Baum und sagte: Ich habe nicht die Kraft, deine Fabeln zu erzählen, lass mich sie mit Hilfe der Kamera beschreiben. Vielleicht gelingt es mir, etwas davon einzufangen, damit auch andere deine Fabeln sehen können.
Dann begann der Mann mit der Arbeit. Er fotografierte den Erzähler, den er Dante nannte, aus den Strukturen der Rinde. Er lichtete die in sich verschlungenen Höllenfratzen ab. Er zerrte mit der Linse den Tod ans Licht. Er bannte den Löwen und den Jäger auf das Negativ. Er fing den Ziegenbock und den Affen ein. Er portraitierte den Apostel, die Hexe, den Ritter und den Teufel. Er gab keine Ruhe, bis er das im Bild festgehalten hatte, was sichtbar war. Beim Abschied sagte er zum Baum: Wenn ich einmal Zeit habe, viel Zeit, möchte

ich, dass du mir alles das erzählst, was ich nur ahnen kann. Du weißt ja – die Geschichten hinter den Geschichten. Ich werde deinen Worten lauschen und alles, was du sagst, notieren.

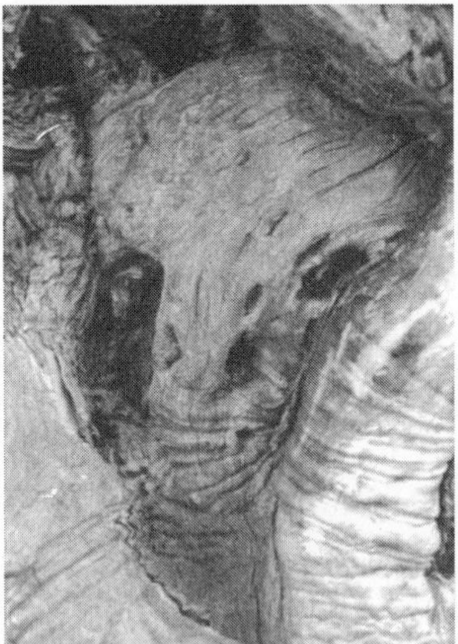

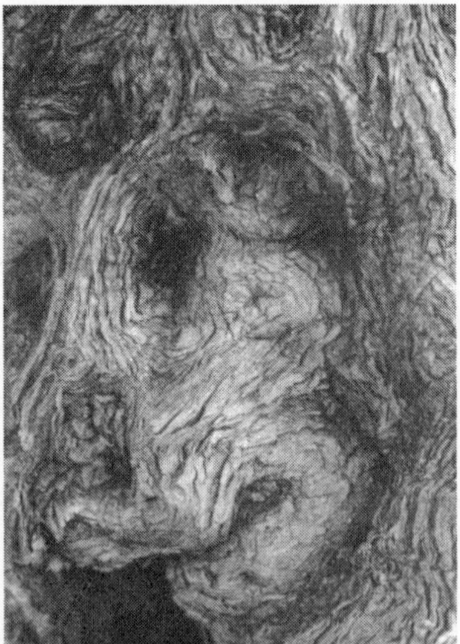

Die Begegnung mit dem eigenen Selbst

Als Köter Paul in der Nacht kurz Laut gab und sich langsam ein Schatten über das Gesicht legte, wurde der Mann aus dem Schlaf gerissen. Steif vor Schreck blieb er liegen und hielt den Atem an. Durch die Augenschlitze sah er einen schmalen Schattenriss über sich. Ein Mann stand da, ein dürrer Mann.
Er sah abgerissen aus. Der dünne Körper steckte wie eine Vogelscheuche in einem weiten, zerschlissenen, feldgrauen Mantel. Auf dem schmalen Kopf saß ein Käppi. Langsam drehte der Mann in der Uniform den Kopf, so dass das Mondlicht halb auf sein Gesicht fiel. Ein blutjunger Mann stand da. Die Wangen waren eingefallen. Die Augen leuchteten aus dunklen Augenhöhlen. Um den strengen Mund huschte ein flüchtiges Lächeln.
„Ich bin es“, sagte der junge Soldat und tippte mit dem Zeigefinger zum Gruß an sein Käppi.
„Ich weiß“, sagte der Mann.
„Ich wollte dir etwas bringen, was du verloren hast“, sagte der junge Soldat freundlich. Er gab dem Mann ein kleines Buch.
„Ach ja, das kleine rote Buch.“
„Nimm, es ist ein gutes Buch. Der, der es schrieb, hat alles gegeben.“
Mit leiser Stimme sprach der Soldat. Seine Worte fielen auf den Mann herab: „Allüberall' in Fern und Näh'/ Wüste, Atlas und Sonnensengen./ Mitten darin ein rotes Karree/ von nur wenigen hundert Längen./ Hoch überspannt azurnes Blau/ des Lagers heißes Gesicht./ Ein Haupt, um das der Drahtverhau/ eine Dornenkrone flicht ...“
„Das hat einer geschrieben, den ich mal kannte“, sagte der Mann, „aber ich hab` ihn aus den Augen verloren.“
Ungerührt sprach der Soldat weiter: „Ein Tag knüpft den andren an sein Band./ Ein Mond reicht dem nächsten seine Hand/ Monde gehen ins Jahr verloren/ und neue Jahre werden geboren ...“
„Du warst jung damals“, sagte der Mann. „Jung und ohne Hoffnung.“
„Erinnerst du dich?“ fragte der Soldat. „Nur in Nächten noch, wenn die Sinne ganz gefangen/ und die Wirklichkeit verhangen von dem Schein der Träume ist./ Nur in Träumen noch, wenn die Sehnsucht Fäden hat gesponnen/ weit bis zu der Sterne Licht, sehe ich dein Angesicht ...
Weißt du, Mann, wie‘s weiter geht? Sag‘ es!“ „Doch am Morgen“, fiel der

Mann ein, „weiß ich nicht mehr, was geschah/ nur noch, dass ich etwas Wunderschönes sah.“
„Nach wem hattest du Sehnsucht, Mann? Wen riefst du in den Nächten? Es gab doch Niemanden, den du liebtest, der auf dich wartete. Wo die Anderen im Lager Erinnerungen an eine Frau hatten, war bei dir nur ein Loch, das du mit Sehnsuchtsrufen fülltest. Jung wie du warst, hattest du Keinen, der dich liebte, den du liebtest. Seit damals sind Jahrzehnte ins Land gegangen. Was ist aus all den Begegnungen geworden, die du seit damals hattest? Warum, Mann, liegst du heute wieder alleine in der Nacht? Was ist passiert?“
„Geh’“, sagte der Mann. „Ich kann dich nicht mehr ertragen.“
„Ich gehe. Aber ich komme wieder.“ Lautlos, wie der junge Soldat gekommen war, verschwand er wieder.
Dieser verdammte Vollmond, dachte der Mann, stand auf und begann den Tag, obwohl noch Nacht war.
Einige Tage später ging der Mann zur Post und rief seinen Freund an. Er möge ihm doch das kleine verschnürte Paket mit der Aufschrift: 1943 bis 1948 schicken. Acht Tage später lag das Paket auf seinem Tisch im Haus am Meer. Langsam knotete der Mann den Bindfaden auf und öffnete die Mappe. Modergeruch stieg in seine Nase. Nach einigem Zögern angelte er das kleine rote Heft heraus. Vorsichtig schlug er es auf. Die Blätter klebten aneinander. Er trug das Heft in die Sonne. Nach zwei Stunden versuchte er erneut, das Heft zu öffnen. Ganz vorsichtig legte er Blatt für Blatt frei. Wahllos schlug er eine Seite auf. Die damals mit blauer Tinte geschriebenen Worte waren verblasst. Er vertiefte sich in die Texte. Unleserliche Worte waren keine Schwierigkeit. Mit Erstaunen stellte er fest, dass er fast alle Gedichte auswendig kannte. Von Zeit zu Zeit machte er eine Pause. Er war erschüttert, wie gefühlvoll die Sprache war. Einige Male wollte er aufgeben. Aber dann las er – ergriffen von der Einfalt – weiter.
Der Mann las, bis es dunkel wurde. Etwa fünfzig Gedichte waren in dem Heft gesammelt. Es waren die unreifen Gedichte eines Reifenden, der – wie es heute schien – niemals ganz reif sein würde. Es waren Verse, voll von ungelebtem Leben, Wortgebilde, die an mangelnder Erfahrung litten, Hilferufe aus der Einsamkeit, die ohne Antwort blieben.
Mochten die Verse auch gefühlvoll, einfältig, dilettantisch sein, sie waren mit jedem Wort ehrlich. Und das letzte Gedicht könnte er auch heute nicht besser schreiben.

Madonna mit den sieben Schwertern

Dass du noch lebst, ist wunderbar,
Madonna mit den Sieben Schwertern,
wo alles rings in Bombentrümmern starb:
Der Kuppel Wölbung stürzte ein,
der Bogen Pracht sank hin zu deinen Füßen,
und selbst das Kreuz, ach selbst das Kreuz,
lag unter jenem Sturz begraben.
Die Stätte deines Sohnes sank,
von Menschenhand getroffen, in den Staub.
In jener Nacht des Abgrunds und des Grauens
drang dir das achte Schwert tief in die Seele
und war so grausam, das es dich nicht tödlich traf.
Dass du noch lebst, ist wunderbar,
Madonna mit dem Achten Schwerte.

Der Mann lehnte sich zurück, legte die Hand an die Schläfe und hob sie grüßend in Richtung Horizont. „Salut, prisonnier de guerre Nummer 36170, es ist nötig, dass du wiederkommst.“

Heinrich, was machst du hier?

Es dauerte lange, bis Köter Paul auf einem der Streifzüge entlang der Küste die Frage zu stellen wagte, die ihm schon lange auf der Zunge lag.
„Sprichst du neuerdings mit Steinen, Mann?"
Der Mann, der sich gerade über einen Stein beugte, um ihn für seine Portraitsammlung zu fotografieren, sah den Hund von unten an. „Ja, Paul, gerade habe ich den Stein gefragt: „Was machst du hier am Mittelmeer, Heinrich Heine?"
„Heinrich heißt der Mann?" fragte Köter Paul.
„Ja"
„Da fällt mir einer meiner Herren ein. Der hieß auch Heinrich und weil er so dick war, nannte ich ihn dicker Heinrich. Ohne Übertreibung, Mann. Der dicke Heinrich war der größte Fresser, den ich je kennen gelernt habe. Und weil er nicht allein so dick sein wollte, machte er auch mich zu einem großen Fresser. Aber das ist eine andere Geschichte. Jetzt bist du dran, Mann. Erzähl mir von deinem Heinrich, den du in dem Stein gefunden hast."
„Heinrich Heine war ein Poet. Einer von den Großen. Er ist zwar schon über hundert Jahre tot, aber trotzdem lebt er weiter. Seine Gedichte werden heute noch gelesen und seine Lieder noch gesungen. Wenn ich an das Lied denke, das mein Vater immer sang, dann werde ich traurig."
„Singst du es mir vor, Mann?"
„Später vielleicht, Paul, wenn du mir die Geschichte vom dicken Heinrich erzählt hast."
Und der Mann fuhr fort: „Ob du es glaubst oder nicht, Paul, das Gesicht im Stein ähnelt dem von Heinrich Heine. Zug um Zug, Falte um Falte ist das sein Kopf. Hier hat der große Meister Natur seine Hand im Spiel gehabt. Vielleicht wollte sie dem Heinrich ein unvergängliches Denkmal setzen. Wer weiß das schon. Und nun Schluss mit der Spinnerei."
Der Mann ging zu einer nahen Düne, ließ die Basttasche von der Schulter gleiten, entnahm ihr eine Flasche Wein und ein langes, dünnes Brot, brach zwei Stücke davon ab, eins für Paul, eins für sich selber und ließ sich stöhnend rückwärts fallen.
Nach einer Pause begann er zu sprechen. „Manchmal denke ich, dass wir uns in vielem ähneln, Paul. Stell dir vor, du witterst ein Kaninchen, du bist ganz aufgeregt, folgst – die Nase auf dem Boden – der Spur, hörst nichts, siehst

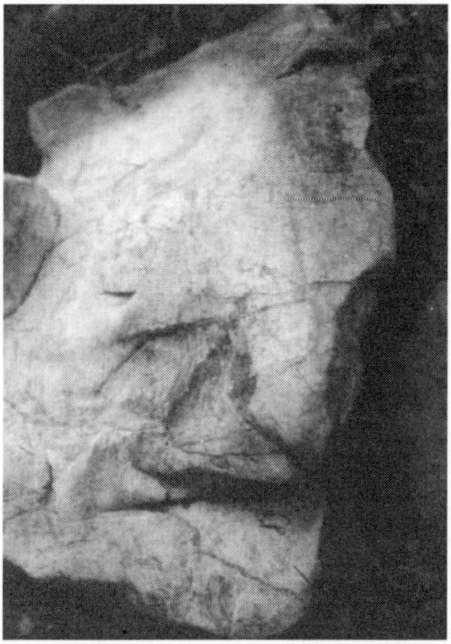

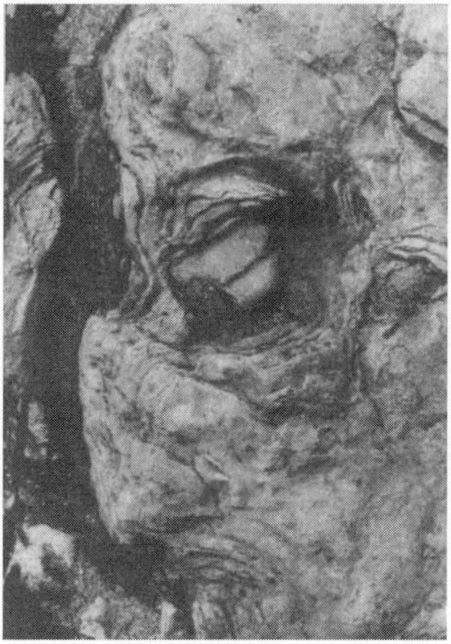

nichts, gibst keine Ruhe, bis du das Tier gestellt hast. Und dann bellst du aufgeregt ‚Mann, komm her'. Ähnlich ist es bei mir. Wenn ich eine Witterung aufnehme, werde ich ganz aufgeregt. Mit den Augen suche ich den Boden ab, hör' nichts, riech' nichts, bin nur Auge, folge der Spur, bis ich fündig bin. Und dann schrei' ich: Neandertaler, was machst du hier? Konrad Adenauer, was tust du hier im Fels und schaust mich an? Adam, Eva, Kain und Abel und ihr Patriarchen alle, warum versteckt ihr euch in der Rinde der Platanen? Köter Paul, was machst du in dem Kaktusstrauch? Ja, Paul, ich hab dich in einem Kaktushain entdeckt. Dich und andere Tiere. Esel und Schaf, Vogel und Gazelle, Affe und Ratte. Allenthalben stieß ich auch auf Fabelwesen, Traumgesichter, Nachtgesichter. Ritter, Tod und Teufel kreuzten meine Wege. Hin und wieder trage ich in mein kleines, abgeschabtes rotes Buch Gedanken ein, die mir durch den Kopf gehen. Einfach so.

Du kannst viel entdecken,
wenn du einem
kaum beachtenswerten
Stück Natur
Beachtung schenkst.
Vielleicht dich selbst.

Wenn die Ketten der Gewohnheit brechen,
die Mauer der Überheblichkeit fällt,
die Kälte des Herzens taut,
mag es sein,
dass die Steine an zu sprechen fangen
und du sie verstehst.

In das Schweigen hinein sagte Köter Paul: „So schön hast du lange nicht mehr erzählt, Mann“. Es klang ein wenig schläfrig.

Das wundersame Mädchen Claudia

Sie war damals plötzlich im Türrahmen der Kneipe aufgetaucht, die voll von abgerissenen, einsamen Typen wie er war. Mit ihr wehte eine frische Brise herein. Die kleine auf und ab wippende Gestalt war umhüllt von einem bis auf die Füße reichenden gelben Ledermantel. Das Gesicht war bis zur Kinnspitze unter einem breitkrempigen Strohhut versteckt. Der Hut hob sich langsam. Unter der schräggestellten Krempe wurde ein Auge sichtbar: ein grünes Auge, das belustigt durch die Kneipe streifte. Es blieb in seinen Augen hängen, die gespannt das Aufgehen des Gesichts unter der Hutkrempe erwarteten.
Sinnlos, dachte er und versuchte, sich dem Blick zu entziehen. Sie schickte ein Lächeln herüber. Mag es auch sinnlos sein, dachte er und starrte weiter auf den Hut, der sich ganz langsam hob: eine feuerrote Haarsträhne kam zum Vorschein, ein rundes, katzenförmiges Gesicht mit gewölbten Stirn- und Wangenflächen und ein breitgeschnittener Mund mit kleiner Stupsnase darüber. Eine junge Löwin, dachte er. Sie hat was von einer jungen Löwin.
Wie unter einem inneren Zwang ging der Mann auf das Mädchen zu. Unsicher stand er vor ihr und suchte nach Worten. Als ihm nichts einfiel, reichte er ihr unbeholfen sein Glas Cognac. Sie nahm es, kippte es mit einer schnellen Bewegung in sich hinein und schüttelte sich. „Brrr“, sagte sie lachend, „aber er tut gut.“
Fünfundzwanzig Jahre alt wird sie sein, dachte er, hoffentlich ...
Er wirkt jünger als er ist. So alt wäre jetzt mein Vater ...
Sie könnte meine Tochter sein ...
Ich kenne ihn. Bilder aus ihrer Jugend kamen und gingen. Er ist mir vertraut ...
Vielleicht ist sie die Frau, von der die Zigeunerin sprach. „Eine Frau wird in dein Leben treten, eine Kindfrau“, sagte sie, „aber du hast nicht den Mut, sie anzunehmen ...“
Vorsicht, dachte er. Aber da war es schon zu spät. Die Torheit hatte bereits gesiegt.
Claudia tauchte einige Tage später am Strand auf. „Hier lebst du“, sagte sie näherkommend. „Schön einsam hier. Gut für einen, der menschenscheu ist.“
Sie ging ins Haus, warf den Mantel über einen Stuhl und nahm vorsichtig den Hut ab. Noch vorsichtiger griff sie in die feuerrote, nach allen Seiten sprießen-

de, züngelnde Haarmähne und klaubte vorsichtig eine kleine Ratte aus dem Haarnest. Liebevoll redete sie auf das Tierchen ein.

Katze und Maus – dachte der Mann, ging auf das Mädchen zu und streckte ihr die Hand entgegen. „Herzlich willkommen“, begrüßte er sie.

„Wenn du anders reagiert hättest, wären wir gleich abgehauen“, lachte das Mädchen. Ich heiße Claudia und du?“

„Sag einfach Mann.“

Claudia und die Äffin

Es dauerte über zehn Jahre, bis Claudia wieder auftauchte. So einfach, wie sie sich davongemacht hatte, so einfach war sie an einem Morgen wieder da. Ein kleiner Affe saß auf ihrer Schulter. Als der Mann sie sah und ihr Gesicht durchforschte, in dem die Jahre tiefe Spuren hinterlassen hatten, ahnte er noch nicht, dass dieses Mädchen Unruhe in das Buch bringen würde, das von Menschen und von Tieren erzählt.

„Ich bin ein Einzelkind“, sagte Claudia. „Da ist man meist allein. Ich hatte deshalb immer ein Tier um mich. ... Als ich klein war, schlief ein Hamster in meinem Bett. In meiner verrückten Zeit hatte ich einen Papagei und wir erzählten uns Geschichten. Auf meiner Reise in das Unbeschreibliche – das war in Indien – war ich in Begleitung einer kleinen Ratte. Und jetzt, jetzt habe ich eine Äffin auf der Schulter. Ich wäre gerne als Affe auf die Welt gekommen. Aber wie du siehst, wurde ich ein Mensch, der sich nun schon mehr als drei Jahrzehnte durch das Leben schlägt. Mal oben und mal unten. Mal traurig und mal heiter. Mal verliebt und mal enttäuscht; ein Menschlein eben, das nicht begreift, dass man mit Träumen arm bleibt wie die Kirchenmaus.

Meine Freundin hier heißt Cisca. Das ist der Kosename von Francisca, und Francisca ist der Schwestername von Francisco, und Francisco ist der Mann, der mit den Tieren redete.

Wie ich zu Cisca kam? Ich habe sie zusammen mit meiner Freundin Elli entführt, und das kam so: Elli ist Krankenschwester und mag Tiere gern, vor allem Affen. Sie arbeitete in den Uni-Kliniken und hatte die Versuchsaffen zu betreuen. Dazu war sie wie geschaffen. Die Tiere spürten, dass sie gut zu ihnen war und wurden zutraulich. Unbekümmert gaben sie sich später in die Hand der Operateure. Es ging um Krankheiten des Menschen. Weil Affen menschenähnlich sind, machte man mit ihnen stellvertretend Versuche. Der Verschleiß an Tieren war sehr groß.

Elli hielt nicht durch. Sie brachte es nicht fertig, die Tiere zutraulich zu machen und sie dann auszuliefern. Elli war verzweifelt. Nächtelang überlegten wir, was wir tun könnten, um den Affen zu helfen. Uns war klar: Alle Affen konnten wir nicht befreien, einige vielleicht – mindestens aber einen. Und das taten wir.

Der Befreiungsplan war einfach. Bei der nächtlichen Kadaver-Beseitigung, wie sie das nennen, tauschten wir einen gesunden gegen einen toten Affen aus.

Elli wählte einen besonders kleinen Affen, gab ihm eine Betäubungsspritze und steckte ihn in einen Plastiksack, in dem bereits ein toter Affe lag. Sie brachte den Sack zum Müllcontainer, wo ich ihn übernahm.
Ich schlich mich in die Friedhofskapelle, holte den lebendigen Affen aus dem Sack und wickelte ihn in ein großes Wolltuch. Den Sack mit dem toten Affen trug ich zum Altar. Da legte ich ihn auf den Stufen ab. Als das Kliniktor frühmorgens geöffnet wurde, ging ich wie eine Mutter, die ihr Baby auf dem Arm nach Hause trägt, hinaus.“
„Hat Cisca was mitgekriegt“, fragte der Mann?
„Nein, sie wachte erst in meiner Wohnung auf. Sie wimmerte, zerrte an meinen Haaren, wollte weg. Ich tat das, was mir Elli geraten hatte: Sing ihr das Lied vor, das ich immer sang, wenn ich die Affen beruhigen musste. Ich sang also.“
„Und was?“
„Alle meine Entchen schwimmen auf dem See ... Affenkinder begreifen wie Menschenkinder schnell. Cisca beruhigte sich. Sie fühlte sich sicher bei mir – glaube ich. Oder, Cisca?“ Claudia sah die Äffin fragend an.
„Du bist lieb!“ Cisca streichelte Claudia über das Haar. „Du bist wie eine Schwester. Ich kann dir vertrauen. Aber sage selbst: Können wir Tiere den Menschen vertrauen, nach allem, was passiert ist? Höre, was Esel und Stier zu berichten haben.“

Die Unterwerfung des Esels

Damals lebten wir frei, zogen von Weide zu Weide, fraßen uns satt und es wäre wohl so geblieben, wäre nicht eines Tages der Mensch aufgetaucht. Einer von uns trat damals in etwas Spitzes. Humpelnd blieb er hinter der Herde zurück. Da kam der Mensch vorbei.
„Was hast du, Esel“, fragte er.
„Ich habe Schmerzen und kann nicht mehr laufen.“
„Lass sehen! Du hast einen Dorn im Huf, das ist alles. Ich ziehe ihn dir heraus, dann kannst du wieder laufen.“
Er packte den Dorn und zog ihn heraus. Da wieherte der Esel fröhlich und trabte hinter der Herde her. Aber der Mensch rief ihm nach: „Warte Esel, du bist mir noch was schuldig!“ Der Esel verharrte und fragte erstaunt: „Schuldig?“
„Weißt du nicht, dass jede Tat ihres Lohnes Wert ist? Gebe mir etwas für meinen Dienst und du kannst weiterlaufen.“
„Ich habe nichts, was ich dir geben könnte.“
„Doch, du hast deine Kraft. Trag mich auf den hohen Berg da drüben, das ist der Lohn.“
„Tragen, was ist das?“
„Ich setze mich auf deinen Rücken und du läufst für mich.“
„Und du läufst nicht?“
„Du läufst ja für mich.“
„Aber du hast Beine wie ich!“
„Aber du hast vier, ich nur zwei und du bist stärker und schneller.“
So ging das hin und her, bis der Esel völlig durcheinander war. Verwirrt sagte er zum Menschen: „Was muss ich tun?“ Der Mensch fasste den Esel in die Mähne und schrie: „Lauf los! Lauf auf den Berg und zieh' mich mit.“ Der Esel lief los. Mitten im Lauf passierte etwas Furchtbares. Kein Esel hatte das bisher erlebt. Etwas sprang auf seinen Rücken, warf sich über ihn und klammerte sich an Hals und Lenden fest. Schreck fuhr in den Esel. Was war das, das ihm fast das Rückgrat brach, das in die Flanken hämmerte, das die Luft abschnitt? War er in der Gewalt einer vielleibigen Schlange? Entsetzt stieg er hoch, drehte sich im Kreis, schüttelte sich – aber die Last blieb. Hoch warf er die Hinterbeine, keilte aus – aber die Last blieb. Heftig bockte er, sprang auf allen Vie-

ren in die Luft – aber die Last blieb. In panischer Angst preschte er nach vorne, brach durchs Strauchdickicht – aber die Last blieb, ließ sich nicht abschütteln, umschloss den Körper fester und fester.

Plötzlich griff etwas in den Mundwinkel des Esels und riss das zarte Fleisch zurück. Entsetzt wiehernd gab er dem Schmerz nach, warf den Kopf nach hinten, streckte die Beine weit nach vorne und kam mit hartem Ruck zum Stehen. Am ganzen Leib zitternd, erwartete er, dass ihn das Furchtbare auf seinem Rücken in die Knie zwang, zu Boden presste und unter sich begrub. Aber plötzlich war die Last weg. Sie war abgeglitten von seinem Rücken. Bevor der Esel begriff, was ihm passierte, stand keuchend der Mensch vor ihm. Er packte den Esel bei den Ohren und schrie: „Ich bin der Mensch, dein Herr, Esel, vergiss das nie!“

Wir sind in der Hand des Menschen. Aber bis heute hat er es noch nicht geschafft, uns zu unterwerfen. Lasten kommen und gehen. Ein Esel bleibt ein Esel – geschaffen, frei und ungehindert zu laufen und Futter zu suchen. So wird es bleiben.

Adam und der Stier

Er war mir von Anfang an unheimlich. Er schlich um mich herum und beobachtete mich. Er sah, wie ich fraß und was ich fraß. Er schaute zu, wenn ich mit anderen Bullen kämpfte, eine Kuh bestieg, mich auf dem Boden wälzte und er machte sich davon, wenn die Herde losstob und die Erde bebte.
Er kam immer friedlich daher. Tat nichts, was mich reizte. Aber sein Beobachten machte mir Angst. Das Aufblitzen und Verdüstern der Augen konnte ich nicht deuten. Er schlich sich vorsichtig heran. Von Mal zu Mal traute er sich näher, doch seine Füße stockten, wenn ich den Kopf hob und ihn ansah. Dann wich er zurück, um sich im nächsten Augenblick wieder zu nähern. Ich konnte nicht verstehen, was er wollte. Er war von anderer Art als ich, der Stier. Einmal kam er mir so nahe, wie kein fremdes Tier es je gewagt hätte. Ich fühlte mich bedroht, sammelte die Kraft in meinen Schultern, senkte den Kopf zum Angriff, schnaubte vor Wut.
Der Mensch erstarrte, stand mit angstverkrampften Schultern angewurzelt auf der Stelle, aber lief nicht weg. Ruhig ging ich auf ihn zu. Vor seinem Körper machte ich Halt. Ich erkannte seine Schwäche. Erbärmlich dünnhäutig stand er da. Das Herz hämmerte in Todesfurcht. Angstschweiß drang aus seinen Poren. In seinen Augen flackerte ein Irrlicht. Es war der Augenblick der Todesangst, in der die Tiere fliehen, rennen, springen – weg, nur weg.
Nicht so der Mensch. Er atmete Kraft ein, streckte sich, wuchs über sich hinaus. In seine Augen kam die Glut zurück. Sie funkelten gefährlich. Doch er griff nicht an. Er hob die Arme, sprach beschwörend auf mich ein. Ich bin ohne Horn zu dir gekommen, Stier. Langsam senkte er die Arme. Seine Hände glitten auf die Hörner, prüften die Härte ihrer Spitzen, wanderten hinab zum krausen Haar der Stirn, kraulten meinen Schädel, und immer starrte er dabei in meine Augen.
Ich wurde müde, meine Aufmerksamkeit ließ nach. Ich ergab mich seinen Händen, die nun, über mein Maul gleitend, in die Nüstern drangen.
Plötzlich spürte ich Schmerz. Ich warf den Kopf zurück, um ihm zu entgehen. Doch der Schmerz war nicht abzuschütteln. Er wurde noch stärker, als der Mensch seine Finger in die Nase bohrte und mich, langsam rückwärts gehend, mit sich zog. Ich war wehrlos gegen seinen Griff, musste ihm folgen. Der Mensch zog mich zu einem nahen Busch mit schlanken, biegsamen Zweigen. Er brach

einen mit seiner freien Hand ab und führte ihn in meine Nase. Ein stechender Schmerz machte mich wild. Brüllend riss ich mit aller Kraft den Kopf zurück. Der Mensch taumelte und geriet zwischen meine Hörner, doch er ließ nicht los, er ruckte mit der Fingerklammer hin und her, so lange, bis ich aufgab. Er zog den Zweig durch meinen Nasensteg, flocht einen Knoten, so dass ein Ring entstand. Dann brach er einen neuen Zweig ab und verband ihn mit dem Ring. „Du bist jetzt in meiner Hand, Stier." Bis heute hat sich nichts geändert.

Toro und Torero

Du bist jung, ziehst mit den anderen über die Weide, fühlst dich wohl, doch plötzlich ist alles anders. Ohne dass du weißt, wie es geschah, bist du abgesondert von den anderen. Eben noch waren ihre Leiber um dich, jetzt bist du allein. Du fühlst dich schutzlos. Sie führen dich ab, sperren dich in einen Kasten, in dem du kaum stehen kannst. Du hörst Geräusche, die dir fremd sind. Du wirst gerüttelt und geschüttelt, Wände stoßen dich, Landschaft zieht vorbei, ohne dass du einen Huf rührst ... alles ist anders.
Plötzlich ist Ruhe. Du hast wieder Boden unter den Hufen. Aber es ist nicht die grasbewachsene Weide, es ist harter Boden. Sie pferchen dich in ein enges Loch, in das kein Licht dringt, werfen dir Gras vor, das nicht frisch ist, neben dir hörst du das Stöhnen und Schnauben anderer Stiere, die du nicht siehst. Gerade hast du dich an die Dunkelheit gewöhnt, reißen sie die Tür auf und jagen dich raus. Durch einen schmalen Schacht taumelst du ins Freie, geblendet vom Licht stehst du da. Ringe tanzen vor den Augen. Allmählich siehst du wieder, aber was du siehst, ist fremd und anders.
Du stehst in einer weiten, hellen Fläche. Unter den Hufen spürst du weichen Sand. Schrille Pfiffe, Schreie gellen in die Ohren. Sie sind überall um dich herum – wie das grelle Licht, die weite Fläche. Endlich! Weit vor dir bewegt sich etwas, flattert heftig, züngelt, zuckt, macht dich unruhig, wild. Du duckst dich, beugst den Nacken, willst stürmen, als an anderer Stelle etwas aufzuckt, flattert, züngelt, zuckt, dann da, dann da.
Die Gefahr ist überall. Du hast Angst, dass du umstellt bist, dass von allen Seiten Feinde dich bedrohen. Du greifst an, stürmst los, rennst auf das Zucken zu, bist dran, stößt zu, hörst schon das Bersten, Krachen, aber nichts passiert. Du hörst nichts, riechst nichts. Leicht wie der Wind ist das Etwas über dich hinweggeflattert. Du bist ins Leere gestürmt, hast etwas auf die Hörner genommen, was es nicht gibt.
Überall ist zuckende Gefahr! Jetzt züngelt sie dicht vor deiner Nase. Zum Stoßen nahe ist sie. Du stürzt drauflos, stößt hinein, aber weg ist sie. Jetzt taucht sie neben dir auf, du drauf – weg ist sie. Jetzt taucht sie auf der anderen Seite auf, du drauf – weg ist sie, taucht auf, du drauf – weg ist sie.
Wie ein Tölpel stehst du da, weißt nicht, ob du Stier bist oder nicht. Du musst

etwas tun – doch was? Stürmen? Stehen bleiben? Ratlos duckst du dich, ziehst den Kopf ein, machst dich klein, möchtest da sein, wo die Ruhe ist. Aber du hast keine Ruhe.

Endlich, der Feind! Ein Pferd mit Reiter. Ein Ruck durchfährt dich. Du bist wach. Deine Muskeln spannen sich. Schnaubend stürmst du los, wirst schneller, rast mit aller Wucht in den Feind hinein, dumpf dröhnt der Schlag, tief bohrt sich dein Horn in den Leib. Du reißt den Kopf hoch, witterst schon Blut, doch nur der Duft von trockenem Heu schlägt dir entgegen. Wo ist das Pferd? Du hast es doch gesehen, gerochen!

Da trifft dich etwas Spitzes, Hartes im Nacken, dringt ein, dreht sich, reißt das Fleisch auf, Blut stürzt aus dir heraus, fließt über deine Schulter. Du bekommst den Kopf nicht mehr ganz hoch, deine Beine knicken ein, du bist fast blind. Ruhe willst du, nichts als Ruhe. Doch sie geben keine Ruhe. Schreie, Pfiffe, Klatschen reißen dich wieder auf die Beine.

Der Schmerz kommt und die Wut. Du suchst den Feind, stürmst los, stößt zu, ins Leere. Wo ist der Feind, der auf dich wartet, wie es bei den Kämpfen auf der Weide ist? Hüpfend tanzt ein Irrwisch vor dir hin und her, schwenkt Fähnchen in der Luft, springt wie ein Bock auf und ab. Du rennst los, um ihn mit den Hörnern aufzuschlitzen, aber er ist weg, doch wo?

Etwas beißt dich in deinen Rücken, scharfe Zähne spürst du. Ist ein Hund auf dich gesprungen? Hat sich festgebissen? Du schüttelst dich, um ihn abzuwerfen, aber je mehr du schüttelst, desto fester wird der Biss. Wieder tanzt der Irrwisch vor dir hin und her. Wieder springt ein Hund auf deinen Rücken, beißt sich fest. Wieder Flattern, Zucken, Schrillen, Pfeifen, wieder Stürmen, Stoßen – nichts.

Da bekommst du Angst. Sie lähmt deine Beine. Du ahnst, dass du einer Meute ausgeliefert bist, die dich hetzt, die aus dir den Hasen macht. Du hast nur noch einen Wunsch, deine Hörner in den Feind zu bohren, Blut zu riechen. Doch das Blut, das du riechst, ist das eigene. Überall aus deinem Körper läuft es. Du fühlst, wie dich die Kraft verlässt. Ein Schaumberg wächst ins Maul. Vor deinen Augen tanzen Lichter. Du kannst nicht mehr. Ergeben willst du dich, willst Ruhe, weg sein, unter deinen Brüdern auf der Weide.

Vor dir taucht jetzt etwas Großes auf, wiegt im Wind – wie der Mantel eines Hirten, der die Stiere auf der Weide treibt. Endlich Ruhe. Doch der Mantel zuckt und bebt und wogt und flattert. Du willst dich aus diesem Bann befreien, willst stürmen; doch du stolperst in den Mantel, den du auf die Hörner nehmen

willst, der jetzt weg ist, der nun gleitend deine Schulter streift, der nun wieder da ist, da, und da und dort.
Du stehst still, machst die Augen zu, willst es nicht mehr sehen, was da flatternd, zuckend, drohend um die Mitte tanzt. Plötzlich Ruhe, atemlose Stille. Ein großer Schatten wächst vor dir empor. Der Mensch! Es ist der Mensch! Er hebt den Arm mit beschwörender Gebärde. Du neigst das Haupt, streckst ihm den Kopf entgegen, wartest ...
Ein Blitz zuckt, fährt in dich hinein, reißt dich von den Füßen. Das Licht ist weg, der Schmerz ist weg. Du hörst die Hufe deiner Brüder donnern. Sie kommen, nehmen dich in ihre Mitte. Du bist daheim.

Claudia und die Ratten

Sie saßen zusammen und erzählten sich Geschichten: der Mann und Köter Paul, das Mädchen Claudia und die Äffin Cisca. Claudia begann: „Ich möchte euch eine Geschichte aus der Zeit erzählen, in der meine Gedanken so kraus waren wie meine wuscheligen Haare, in denen die kleine Ratte Evelyn hauste. Wenn man sich hierzulande elend fühlt, so elend, dass man sich in Gedichten ausheult, in Abschiedsgedichten an Typen, die einen in die Ecke stellen – wie Dinge, die man satt hat, dann ist das nichts gegen das, was ich in Asien erlebte. Damals hatte ich gerade mein siebzehntes Abschiedsgedicht geschrieben – an einen Typen namens Fred."
„Sag es auf", bat der Mann.
„Ich kann es nicht. Ich habe zu viele Worte geschrieben, die im Grunde immer das Gleiche sagen: verschmähte Liebe."
Claudia sammelte sich und fuhr fort. Damals, in Asien, wohnte ich am Rande einer Großstadt, von der man nicht wusste, ob sie acht oder zehn Millionen Einwohner zählt. Eins aber wurde mir klar: In dieser Stadt gab es hundert Mal so viel Arme wie Reiche und die Armut ließ sich nicht in ein Wort fassen. Es gab Arme und noch Ärmere, Gebrechliche, Dahinsiechende, Halbtote, Tote. Mein Elendsgefühl schmolz dahin und meine Gedichte klangen wie klägliches Wimmern. Die Kloake dieser Stadt war die Mülldeponie, in deren Nähe ich eine Wohnung hatte. In der neuen Umgebung wurde Evelyn zunehmend munterer, sie schnupperte, schien fasziniert von den tausend Düften, die von der Mülldeponie herüberschwappten. Einmal biss sie mir sogar in den Finger, als ihr etwas nicht passte. Auf einem meiner Gänge durch das Elendsreich der Deponie nahm ich Evelyn mit. Ich ließ sie durch den Schlitz meiner geschlossenen Hand nach unten äugen. Sie wurde immer unruhiger.
„Lass mich zu ihnen", bettelte sie.
„Hast du keine Angst, dass sie dich angreifen und verletzen? Du bist ja eine niedliche, verwöhnte Ratte, die da unten müssen sich durchbeißen."
„Lass mich runter", bettelte Evelyn weiter.
Ich öffnete die Hand, und schon sauste Evelyn mit beherztem Sprung nach unten und landete zwischen den Ratten.
Die nächsten Ratten beschnupperten sie kurz, um dann wieder auf Fresssuche zu gehen, die anderen Ratten bemerkten die Neue nicht einmal. Evelyn schien

zu Hause zu sein. Sie schwamm mit im Strom der Ratten, der sich wie auf einen geheimen Befehl mal in die, mal in die Richtung bewegte, und obwohl ich ihren Körper aufmerksam verfolgte, hatte ich sie plötzlich aus den Augen verloren.

Evelyn fehlte mir so sehr, dass ich mich entschloss, eine neue Evelyn zu suchen. Ich beobachtete eine Rattenhorde, und plötzlich sah ich sie: eine junge Ratte mit glänzendem Fell, zierlich wie Evelyn, aber flink und frech. Mit schnellem Griff packte ich sie, und ehe die Ratten neben ihr es bemerkten, hob ich sie auf, steckte sie in einen mitgebrachten durchlöcherten Blechkasten und ließ sie sich darin austoben. Irgendwann gab sie Ruhe. Da steckte ich ihr kleine Häppchen durch die Löcher zu, die sie – ausgehungert wie sie war – annahm. Es dauerte lange, bis sie sich streicheln ließ, noch länger, bis sie mir zuhörte, noch länger, bis sie antwortete.

Eines Morgens beim Frühstück beschwerte sich Evelyn: „Ein bisschen eintönig ist das Fressen hier. Wenn ich an die abwechslungsreiche Kost auf dem Müllplatz denke, läuft mir das Wasser im Maul zusammen. Auch die Brüder und Schwestern fehlen mir.“

„Erzähl mir von ihnen“, bat ich. „Red einfach drauflos. Ich mache mir schon einen Reim draus.“

„Ich bin eine Wanderratte. Unser Revier liegt am Armenviertel. Die Ratten vom Revier der Reichenviertel nennen uns die armen Schlucker. Schlucker

hin, Schlucker her, an Hunger ist bei uns noch nie einer gestorben. Abends, wenn die riesigen Stahlmäuler den Abfall auf den Müllplatz kippen, warten alle gierig. Alle sind hungrig, alle wollen ran, aber es geht schön der Reihe nach. Erst kommen die Menschen mit den Knüppeln dran. Dann die Hunde mit den geifernden Mäulern. Dann die Katzen, die so tun, als ob sie keinen Hunger hätten, die aber die Gierigsten sind. Dann sind wir Ratten dran. Aber schön der Reihe nach: Erst die großen Alten, die Stockschläge und Bisse vorhersehen können, dann die Mütter mit den Jungen, dann das Fußvolk, wozu ich gehörte. Ob du es glaubst oder nicht, obwohl viele Kläffer und Reißer schon das ihre genommen hatten, es war immer noch genügend übrig."

Nach der beeindruckenden Schilderung fragte ich die Ratte Evelyn: „Hast du schon von dem Land gehört, in dem die Abfälle nie enden?"

„Es hat sich schon bis zu uns herumgesprochen. Immer wieder brechen ganze Stämme auf, um das Land zu suchen."

„Und finden sie das Land?"

„Ja. Sie folgen den Signalen, die der Bauch empfängt."

„Ich kenne eine Ratte", sagte das Mädchen Claudia, „die in einem Milch- und Honigland lebt. Soll ich dir von ihr erzählen?"

„Ich bin gespannt."

„Also", begann das Mädchen, „es war in einer Zeit, als ich traurig wie noch nie in meinem Leben war. Ich dachte damals, dass ich ein Verlierer sei. Ein Mensch, dem man von Weitem ansieht, dass er dazu da ist, von den anderen ausgenommen zu werden. Ich floh vor mir. Ich stürzte mich in Abenteuer. Ich tauchte ab in fremde Welten, sank Stufe um Stufe und landete da, wo ich hinwollte: in der Gosse. Voll bis oben hin blieb ich in einer bitterkalten Nacht in einem Rinnstein neben einem Gulli liegen. Im Tran lag ich da und wünschte mir, dass der Frost das Seine tun würde. Plötzlich spürte ich einen Schmerz in meiner Wade. Ich war sofort hellwach, schlug blindlings dahin, wo der Schmerz war, und sah, wie eine dicke Ratte aus der Hosenröhre floh. Ein Rattenbiss hatte mich ins Leben zurückgeholt. Seitdem mag ich Ratten."

Streitgespräche zwischen Ratte, Katze, Hund und Affe

Hinter dem Mann bewegte sich was. Vorsichtig schob sich die Schnauze einer Ratte nach vorn. Erst nach oben zur Katze im Baum, dann nach unten zum Hund spähend, wagte sich die Ratte in die Runde der Erzähler.
„Das ist die Hausratte“, stellte der Mann das Tier vor.
„Willst du uns was erzählen, Ratte, dann nur zu.“
„Das Mädchen mit dem Affen auf der Schulter sagte eben was von Hungerratten. Ich, eine ganz normale Ratte, habe dazu was zu sagen: Wenn du einen schönen dicken Kuchen hast, dann lässt du dir davon nicht gern was abnehmen. Oder? Das versuchen die Hungerleider. Sie strömen herbei aus aller Herren Länder, schleichen sich ein, huschen ungefragt in die Fresstonnen, und ehe du dich versiehst, bist du nicht mehr Herr im eigenen Hause. Kein Wunder, dass unser Unmut wächst. Neuerdings stellen wir Wachen vor die Tonnen. Aber gegen die Gier der Hungerratten sind sie machtlos. Als neulich eine noch nie gesehene Schar von Hungerratten auftauchte, war unsere Geduld zu Ende. Wir rotteten uns zusammen und schrien: Das sind unsere Futtertröge!“
„Den Hungrigen gehört die Welt“, schrien die Hungerleider zurück.
Es kam, wie es kommen musste: Beide Seiten rotteten sich zusammen. Es roch nach Krieg, und wäre nicht die Weiseste der Weisen gewesen, von der gesagt wird, dass sie bereits tausend Rattenleben hinter sich hat, es wäre zur offenen Schlacht gekommen.
Die Heere standen sich feindlich gegenüber. Hier, das Heer der rechtmäßigen Besitzer aller Pfründe: jeder Krieger ein stattlicher, wohlgenährter Bursche. Dort, das Heer der Eindringlinge: jeder ein dürrer ausgemergelter Geselle, dem der blanke Neid aus den Augen sprang. Vor den Heeren stand jeweils der Stammesälteste. Der Älteste der Hungerleider reckte bereits den Arm zum Angriff, da geschah das Unglaubliche: Zwischen beiden Heeren erschien eine lichte Gestalt. Eingehüllt in langes weißes Haar, das vom Scheitel bis zur Sohle fiel, füllte die Gestalt die Barriere aus, die die hasserfüllten Heere trennte. Es war die Weiseste der Weisen.
Stille trat ein. Mit leisem, aber tragendem Pfeifen sprach der Weise: „Ich hab’ in meinem Leben, dessen Alter nicht zu messen ist, viel über Ratten nachgedacht. Alle Erinnerungen, alle Weissagungen hab ich in mir wachgerufen. Da-

nach steht fest: Noch nie haben Rattenstämme gegeneinander Krieg geführt. So wird es auch in Zukunft bleiben! Mag sich auch jede Ratte um ihr täglich Futter bemühen, aber darum kämpfen muss sie nicht. Bedenkt: Die Futtertröge hierzulande sind unerschöpflich, und wisst ihr auch warum? Weil die Menschen unerschöpflich fressen. Menschen können nie genug bekommen. So war es, so ist es, so wird es sein. Lasst uns also ruhig und gelassen in die Zukunft sehen."

Dann wandte sich die Weiseste der Weisen zum Stammesältesten der Hungerratten. „Du wolltest einen Befehl an deine Leute geben. Gut, so tu es doch!"

„An die Futtertröge, Leute", pfiff der Älteste der Hungerratten durch die Schneidezähne. Alle stürmten los – die satten wie die hungrigen Ratten. Das große Fressen begann, von dem heute noch berichtet wird, wenn es Streitigkeiten unter Ratten gibt.

Als alle Ratten in den Futtertrögen aller Hinterhöfe verschwunden waren, zog die Weise den Stammesältesten der Hungerleider zur Seite und sagte lächelnd: „Ich möchte dich gerne in die Hohe Schule der lukullischen Genüsse einführen. Wie du weißt, bin ich sehr alt. Seit langem hab ich mich mit der Küche der Menschen befasst. Ich sage dir: Wie die Küche, so der Mensch. Lange könnte ich darüber sprechen. Aber Reden ist Silber und Fressen ist Gold. Folge mir also. Ich möchte mit dir einen Streifzug durch die Tonne eines Schlemmerlokals machen."

In einem der Hinterhöfe, die alle durch erregend riechende Gänge und Kanäle miteinander verbunden waren, kamen sie an eine bunt bemalte Mülltonne. Die hungrige Ratte zitterte vor Gier und war selbst durch das 'gemach, gemach' der Weisen nicht mehr aufzuhalten. Mit einem Riesensprung erreichte sie mühelos den oberen Tonnenrand und stürzte sich hinein. Alles, was ihr zwischen die Zähne kam, fraß sie.

Die Weiseste der Weisen lächelte nachsichtig. Ratte bleibt Ratte, dachte sie. Bedächtig stieg auch sie dann in die Tonne und begann auf ihre abgeklärte Art den Inhalt der Tonne zu verkosten. Köstlich war dieses kross gebratene Huhn in Knoblauchsauce. Und da – welch herrliches innen rohes Cordon bleu. Der pikante Roquefort-Käse – auch recht schmackhaft. Und der scharf gebratene Schinkenspeck – wirklich eine Delikatesse.

In der Tonnenmitte stieß sie auf den rülpsenden Feldherrn der Hungerratten, der zwischen zwei Bissen stammelte: „Schade, dass ich keinen größeren Magen habe."

„Komm, wir machen eine Pause“, riet die Weiseste der Weisen. Beide stiegen aus der Tonne und streckten sich neben ihr auf dem Boden aus.
„Ganz geheuer ist mir nicht“, pfiff die Hungerratte. „Überall seh ich Katzenaugen glimmen. Vollgefressen, wie wir hier liegen, sind wir eine leichte Beute für die Reißer.“
„Keine Angst, mein Freund. Ich weiß Bescheid: Satte Bäuche machen träge. Für Ratten gilt das und für Katzen. Und die Katzen in den Hinterhöfen sind noch satter als wir. Es sind Stubenkatzen. Die brauchen sich ums Fressen nicht zu kümmern. Das bekommen sie in den Menschenstuben unter die Nase gesetzt. Später, noch bevor wir Ratten kommen, fischen sie mit ihren Pfoten gelangweilt einige Leckerbissen aus der Tonne. Dann legen sie die fetten Wänste auf den Fenstersimsen ab und lassen hin und wieder ihre Augen glimmen, damit wir Angst bekommen.“
Etwas, womit weder der Mann noch das Mädchen Claudia, weder Köter Paul noch die Äffin Cisca gerechnet hatten, geschah: Aus dem Baum über der Runde schoss mit gespreizten Beinen die Hauskatze herab. Sie landete dicht vor der schreckerstarrten Ratte und schlug die Pfoten in ihren Nacken. Triumphierend richtete sich die Katze auf, während die Ratte gelähmt auf den Todesbiss wartete.
„Ich will ein Zeichen geben“, maunzte sie. Sie zog die Krallen aus dem Nacken der Ratte, gab ihr einen Pfotenhieb aufs Hinterteil und fauchte: „Hau ab, Lügner, lass dich nie wieder blicken. Du weißt, was dann passiert.“ Blitzschnell verschwand die Ratte unter der Bank. Die Katze genoss ihren Sieg eine Weile. Dann sah sie die vor ihr Sitzenden an und maunzte, jedes Wort betonend: „Wenn eine Katze Lust auf eine Ratte hat, dann fängt sie eine. Hat sie keine Lust, verschmäht sie solch’ Getier. Eine Katze tut das, was sie mag. Das musste auch der Mensch begreifen, damals, als er noch mit uns Tieren im Paradies zusammenlebte. Lasst mich erzählen.“
... In jener Zeit schickte mir der Mensch eine Botschaft: „Komm zu mir, Katze, hieß sie, ich will dir einen Vorschlag machen.“ Ich war neugierig und ging zum Menschen. Er zeigte mir sein Reich, von dessen Größe ich schon gehört hatte. Was ich sah, übertraf jedoch die kühnsten Erwartungen. Soweit das Auge reichte, sah ich riesige weidende Herden: Rinder, Esel, Schafe, Schweine – alle wohlgenährt.
„Du hast reichlich gehamstert“, sagte ich verblüfft zum Menschen. „Aber warum das? Du kannst doch jederzeit ein Tier erjagen, wenn du Hunger hast.“

„So wie ich es eingerichtet habe, brauche ich nie mehr zu jagen. Du siehst, riesige Fleischberge warten auf mich. Ich brauche nur noch zuzugreifen. Jedoch beim Korn, aus dem wir unser Brot backen, liegt es im Argen. In den großen Steinkammern, die du siehst, lagern riesige Mengen davon."
„Und warum sammelst du so viel Korn, es fault doch", warf ich ein.
„Nein, es fault nicht. Wir lagern es so luftig, dass es lange frisch bleibt. Bedenke, Katze: Irgendwann kommen die dürren Jahre. Und wie du siehst, breitet sich meine Sippe immer weiter aus."
„So, so", sagte ich verwirrt. „Was du nicht alles weißt, Mensch. Sag mir noch eins: Warum hast du mich rufen lassen?"
„Das wirst du gleich begreifen."
Er nahm mich auf den Arm und ging mit mir in eine der Kornkammern.
„Das ist dein neues Revier, Katze", sagte der Mensch lächelnd. Er bückte sich und griff ins Korn. Mäuse huschten nach allen Seiten davon. Auch Ratten flohen, schloss die Katze und sah die zwischen den Beinen des Mannes hockende Ratte höhnisch an.
Der Mensch ließ das Korn durch die Finger rieseln und sprach: „Bestes Korn, wie du siehst, mit unserer Hände Arbeit gesät und geerntet. Und nun – es ist ein Jammer – fressen die Nager alles weg. Was soll ich tun, um die Schmarotzer loszuwerden? Weißt du es, Katze?"
„Für eine Katze eine Leichtigkeit. Jedoch bedenke: Wir Katzen haben unsere eigenen Jagdreviere."
„Aber die liegen in der Wildnis. Und ihr müsst lange auf der Lauer liegen, bevor ihr was zwischen den Zähnen habt. Hier in meinem Reich biete ich euch einen stets gedeckten Tisch. Hier laufen euch die Nager geradewegs ins Maul."
Wieder griff der Mensch ins Korn und hatte eine zappelnde Maus in der Hand.
„Schau, Katze, sie ist wohlgenährt. Pack sie!", rief er und warf die Maus in die Luft. Noch im Fall hatte ich sie in den Krallen.
„Danke für die Einladung", sagte ich zum Menschen. „Wir kommen gerne mal vorbei. Was wir auch taten und bis heute immer wieder tun. Wir schätzen das Schüsselchen im Haus des Menschen und im Winter auch das warme Dach. Wir schätzen aber auch das Jagen, das Töten, das Trinken frischen Blutes, und wir nehmen uns die Freiheit, das zu tun, wozu wir Lust und Laune haben. Katzen sind eben anders."
„Schau dir deinen Hund an, Mann", fuhr sie fort. „Liegt stundenlang zu deinen Füßen, kriegt nicht genug von deinem Schweiß in die Nase, liest dir die Wün-

sche von den Augen ab, hat Angst, dass er was falsch macht, lässt sich schlagen, obwohl er nicht weiß, wofür, wartet mit triefender Schnauze darauf, dass du ihm von deinem Fraß was abgibst. Ein Sklavenleben nenn' ich das!"
Während die Katze den Hund beschimpfte, war Köter Paul hellwach geworden. Knurrend sprang er auf und stürmte auf die Katze los. Aber die hatte den Wutausbruch kommen sehen und war längst auf dem Baum. Von oben schaute sie höhnisch zum Köter hinunter, der mit seinen Tatzen vergeblich versuchte, auf den Baum zu klettern.
„Immer das gleiche Spiel zwischen Hund und Katze", sagte die Äffin. „Nichts hat sich geändert seit damals, als der Mensch im Paradies sein Reich schuf. Erst richtete er den Hund ab: Alles, was zum Menschen gehörte, sollte er scharf bewachen. Gleichzeitig gab er der Katze die Erlaubnis einzudringen und zu fressen, wann sie wollte. Nur sagte er dem Hund von seiner Abmachung mit der Katze nichts. Seitdem liegen sich Hund und Katze in den Haaren, und weil die Katze nun mal schlauer und schneller ist, fühlt sich der Hund übertölpelt und ist doppelt erbost. ... Schau dir deinen Köter an, Mann. Der hat immer noch nicht begriffen, dass er an die Katze im Baum nicht rankommt."
„Komm, Paul", rief der Mann dem Köter zu. „Wir machen Schluss für heute!" Aber er hatte die Rechnung ohne die Ratte gemacht, die jetzt todesmutig unter der Bank hervorkroch und so laut sie konnte pfiff: „Nimm mich hoch, Mann. Ich habe noch was Wichtiges zu sagen." Der Mann nahm die Ratte mit der Hand hoch und öffnete sie wie einen Teller, damit sie sich darauf setzen konnte.
„Leg los, Ratte. Aber machs kurz", sagte er.

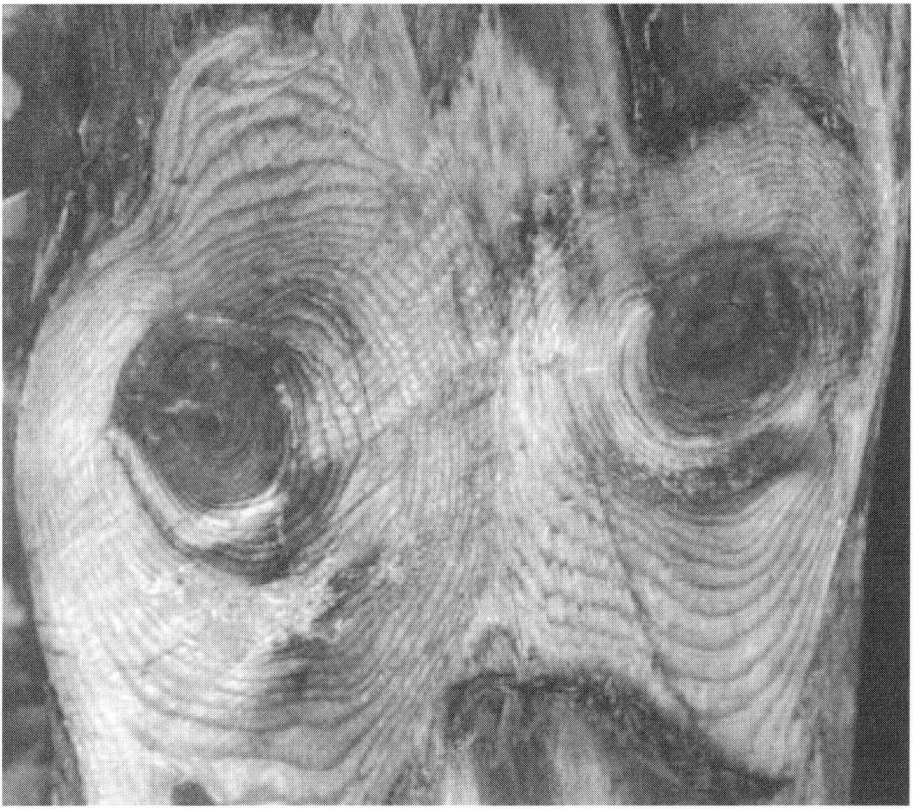

Die Weissagung der Ratte

„Was ich euch zu sagen habe, wird euch erschrecken."
„Ich bin neugierig, was eine Ratte einem Menschen zu sagen hat", sagte der Mann grinsend.
Menschlein, Menschlein, wenn du wüsstest, dachte die Ratte. Aber sie sprach es nicht aus.
Als sie sich zu voller Größe aufrichtete, geschah eine unerwartete Verwandlung: Aus der Hausratte wurde die Ratte, die als Weiseste der Weisen bereits bekannt ist. Mensch und Tier hielten den Atem an, als die Weiseste zu sprechen begann:
„Hört die Weissagung, die bei uns Ratten überliefert ist. Sie handelt vom Ende aller Lebewesen auf der Erde und beschreibt, warum die Ratte alles überlebt. Ja, glotz' mich ruhig blöde an, Hund! Runzle ruhig deine Stirne, Affe! Fauche mich ruhig giftig an, Katze! Trotzdem wird alles so eintreten, wie ich es sage. ... Schau dich an, Menschlein", fuhr die Ratte langsam fort. „Flügel, um dich aufzuschwingen, hast du nicht. Sprungkraft, um die Beute in der Luft zu reißen, hast du nicht. Die Ausdauer des Kamels, die Zähigkeit des Esels, die Stärke des Elefanten, die List der Schlange - all das hast du nicht. Dünnhäutig, schutzlos, wie du da sitzt, bist du allen Dornen, Krallen, Bissen ausgeliefert. Hätte dir der VATER nicht jenes Unbegreifliche mitgegeben, das dich so gefährlich macht, du wärst verloren. Menschlein, du bist das schwächste Glied in der Kette, und so wirst du als Erster von der Erde verschwinden. Du wirst alle Lebewesen mitnehmen, die dir nahe sind. Weil sie nicht mehr so sind, wie der VATER sie geschaffen hat. ... Schau deinen Hund an. Er ist mir zwar der Liebste im Bunde, weil er so faul und gutmütig geworden ist, dass ich unbemerkt vor seiner Schnauze vorbeihuschen kann, aber er wird mit dir sterben. Schau dir die Katze an. Sie hat es fast verlernt zu jagen und zu töten und säuft genauso gerne Milch wie frisches Blut aus der Kehle eines Tieres. Und du, Äffin. Du lehnst dich an die Schulter des Mädchens, weil du einsam bist. Weil dir die Brüder und Schwestern fehlen und die Wälder, durch die du dich mit ihnen schwingst. Äfflein, kleines, niemals wirst du werden wie der Mensch, auch wenn du davon träumst."
Erschöpft machte die Weiseste der Weisen eine Pause. In die Stille hinein sprach die Äffin. Ihre Stimme war so leise, dass alle ihre Ohren aufsperren

mussten, um sie zu verstehen. „Mögt ihr Ratten eure Weissagung haben, wir Affen haben die unsere. Wenn es an der Zeit ist, werde ich sie euch erzählen."
Die Weise hatte sich wieder gefasst. „Alle Lebewesen, die das tun, wozu sie geschaffen sind, werden den Menschen und die Seinen überdauern. Doch auch sie werden vom Erdboden verschwinden, wenn es an der Zeit ist. Die Wilden unter ihnen, und unter denen die Stärksten, werden am längsten durchhalten. Dann wird es noch Ratten geben, denen aufgetragen ist, jedwedes Aas zu beseitigen. Nachdem das geschehen ist, werden auch die Ratten sterben. Ratte für Ratte, Aas für Aas. Nur eine bleibt übrig. Es wird eine Rättin sein. Sie wird an Einsamkeit zugrunde gehen. So heißt es in der Weissagung."
„Mag sein, Ratte, dass es so kommt, wie es prophezeit ist", sagte der Mann. „Eins aber hast du nicht bedacht: Es gibt etwas im Menschen, was unfressbar ist, und das wird überleben. Es ist die Seele."
„Davon ist in der Weissagung keine Rede", antwortete die Ratte. „Aber sag mir, Mann, was ist das - Seele?"
„Ich kann es dir nicht sagen, Ratte. Kein Mensch kann es."
„Versuchen wir's gemeinsam" schlug die Weise vor. „Sie ist nicht fressbar, sagtest du."
„Ja, sie hat keinen Körper. Auch sichtbar ist sie nicht, und dennoch ist sie immer da. Sie fährt aus unserem Körper, wenn wir sterben und lebt weiter."
„Hat Seele was mit Mensch und Tier zu tun, Mann?"
„Ich glaube, ja."
Die Ratte dachte lange nach, bevor sie das Gespräch weiterführte. „Es gibt eine tiefe Feindschaft zwischen Katze und Ratte, wie du weißt. Taucht eine Katze auf, geht es um Leben oder Tod. Die Ratte flieht und sucht das nächste Schlupfloch. Bleibt ihr kein Ausweg, stellt sie sich und kämpft. So ist das zwischen Katze und Ratte. Anders beim Menschen. Wo er auftaucht, gehen wir ihm aus dem Weg. Lockt er uns in einen Hinterhalt, brechen wir in Panik aus, rasen wie von Sinnen hin und her. Doch was wir auch tun, ist falsch. Denn der Mensch hat immer neue Listen und alle sind uns fremd."
Die Weise machte eine Pause und sah den Mann argwöhnisch an. „Die List, ist das die Seele?" Der Mann schwieg.
„Ist es Seele, Mann, wenn du uns mit einem Stock totschlägst? Wenn du uns unter deiner Sohle zerquetschst? Ist es Seele, wenn du Fressen ausstreust, das die Därme verbrennt? Wenn du uns mit Speck in eine Falle lockst, die uns erschlägt?"

„Ja, das ist Seele, Ratte, wenn auch nur ein Teil davon“, sagte der Mann bitter. Ohne es zu bemerken, schloss er die Hand um den Körper der Ratte fester und fester. „Ich habe Angst, Mann, lass mich frei“, bettelte das Tier.
Langsam öffnete der Mann die Hand und sagte: „Die Angst, die du jetzt hast, ist Seele, Ratte, wie es die Seele ist, die meine Hand jetzt öffnet. Lauf, Ratte, du bist frei“. Im Nu war die in eine Hausratte zurückverwandelte Weiseste aller Ratten weggehuscht.

Der letzte Sprung von Bastard Paul

Zwei Tage war Köter Paul nun schon weg. Der Mann machte sich Sorgen, denn es war Jagdzeit, und da schoss jeder, der eine Flinte besaß, auf alles, was sich bewegte. Am dritten Tag jedoch schlich sich Paul im Morgengrauen heran. Er wollte offensichtlich nicht gesehen werden, denn er drückte sich ums Haus herum, um an seine Schlafstelle zu kommen. Erschöpft ließ er sich fallen. Der Mann hatte alles beobachtet. Das rechte Hinterbein hatte der Köter nachgezogen, das linke Ohr hing in zwei blutigen Lappen herunter, Lehmklumpen hingen im Fell. Es hatte offensichtlich einen Kampf gegeben. Den ganzen Tag über lag Paul im Schatten, schlief oder beleckte seine Wunde. Als die Sonne unterging fraß und soff er für Drei, und mit aufgehendem Mond verschwand er.

So ging das drei Tage und Nächte lang. Am vierten Tag tauchte er in aller Frühe auf. Die hochbeinige Rosi lief an seiner Seite. Paul bellte triumphierend. Der Mann nickte anerkennend.

Es war einer der verrückten Tage im August. Der Wind kam vom Süden. Er brachte die heiße Luft Nordafrikas, die voll war von feinem, goldbraunem Wüstensand. Er verfärbte das Blau des Meeres und das Grün der Bäume. Er hängte sich wie ein Schleier vor die Sonne, reizte Gaumen, Nase und ließ die Augen tränen. Mit schwerer Hand lastete die Hitze auf dem Land. Die Atmosphäre war geladen. Spannung lag in der Luft. Der Duft der läufigen Rosi machte Paul verrückt. Immer wieder bestürmte der Köter Rosi. Aber die langbeinige Hündin ließ den kurzbeinigen Rüden nicht ran. Mit durchgestreckten Beinen blieb sie steif stehen. Paul mochte sich noch so hochstrecken, immer wieder glitt er ab und sackte zu Boden. Da blieb er so lange liegen, bis Rosi ihn wieder auf die Beine brachte.

Aber einmal gab Rosi dem Ansturm nach, spreizte die Beine und machte sich klein, so dass der Köter rankam. Mit vorgerecktem Kopf nahm sie ihn in sich auf. Sie verharrten lange in dieser Stellung. Dann streckte die Hündin die Beine und machte sich davon. Köter Paul fiel kraftlos zu Boden. Alle Viere von sich gestreckt, blieb er liegen.

Der Mann ging zu ihm, streichelte sein Fell und ging zum Meer. Als er zurückkam, war Paul verschwunden. Aber er hatte eine Spur hinterlassen: auf dem Boden standen kleine Schaumhäufchen, alle paar Meter eins. Jedes zeigte an, wo der Köter zusammengebrochen war. Die Spur führte zum Haus. Auf den Steinen vor der Holztür lag der Bastard. Die Augen des Köters starrten ins Leere. Als der Mann mit der Hand davor auf- und abfuhr, zeigte der Hund keine Reaktion. Er holte eine Wasserflasche und träufelte dem Hund etwas davon auf die geschlossene Schnauze in der Hoffnung, dass er es aufnähme. Aber das Wasser rann nur auf den Boden. Hinter Pauls Ohr sah er eine dicke Zecke. Er holte die Flasche mit Olivenöl und träufelte einige Tropfen auf die Stelle. „Wenn du wieder auf den Beinen bist, bist du die Zecke los“, sagte er. Aber er glaubte nicht daran.

Die Zeit verging. Der Hund kämpfte um sein Leben. Er lag auf der Seite. Der Hinterleib schwamm in einer Lache von Blut und Kot. Der Brustkorb hob und senkte sich in unregelmäßigen Stößen. Die Intervalle wurden langsamer, das Hecheln leiser. Es war nichts mehr zu machen. Obwohl er wusste, dass es nichts nutzte, ging der Mann in die Hocke, so dass sein Kopf dicht über dem des Hundes war. Laut schrie er dem Hund Befehle ins Ohr: „Auf, Hund, Perro barro, Arriba, Avanti“, aber Paul reagierte nicht. Der Mann beugte sich noch tiefer, holte Luft und stieß einen Pfiff in das Ohr. Ein Ruck durchfuhr den Hund. Er warf den Kopf nach vorn, zog die Vorder- und Hinterbeine an den Körper und ließ sie weit nach vorn und hinten schnellen.

Es war der letzte Sprung des Köters Paul. Der Sprung, zu dem man keine Pfoten braucht, der über Höhen und Tiefen, Felder, Seen und Wälder setzt, und der nie endet, so, wie es Hundemütter ihren Jungen erzählen.

Der Mann stand auf, sah auf den Hund herab und pfiff eine alte, traurige Melodie. Erst später wurde ihm klar, dass er „Ich hatt' einen Kameraden, einen bess'ren find ich nicht“ gepfiffen hatte. Warum nicht, dachte er. Paul war sein Freund, sein Begleiter, sein Kamerad gewesen. Es würde einsam sein - ohne ihn.

Etwa zwölf Jahre alt war Paul geworden und wenn es stimmte, dass ein Hundejahr sieben Menschenjahren entspricht, dann war Paul 84 Jahre alt, als er seinen letzten Sprung tat.

Ein Gespräch fiel ihm ein, das er mit Paul einmal geführt hatte. Wie immer druckste Paul lange herum, bevor er seine Frage herausknurrte: „Was ich dich schon immer fragen wollte, Mann, wie alt bist du? Ich jedenfalls laufe schon lange herum und habe meine Spuren überall hinterlassen. Aber nun merke ich, dass mir die Knochen weh tun, dass ich schnell schlappmache und dass die jungen Hunde immer weniger Respekt vor mir haben. Neulich, als ich mich mit einem jungen unverschämten Burschen anlegen wollte, knurrte der nur: ‚Verpiss dich, Alter', was bei uns eine üble Beleidigung ist. Also, Mann, wie viel Jahre hast du auf dem Buckel? Jung jedenfalls bist du nicht und wenn ich dich so stöhnen höre beim Aufstehen und beobachte, wie du aus dem Fenster starrst, statt mit mir rauszugehen, dann mache ich mir meine Gedanken."

„Ja", sagte der Mann, „wir sind beide alt, ganz schön alt. Aber wir machen's noch, oder? Also komm mit", sagte er, zog den Parka über und ging raus. Paul schoss freudig bellend an ihm vorbei zum Strand. Herbststürme waren unterwegs, die Wolken ballten sich drohend.

„Strandgut-Wetter", sagte der Mann. „Mal sehen, was das Meer uns heute vor die Füße spült."

Das Wunder des Heiligen Stoffel

Zur gleichen Zeit ereignete sich auf der Küha-Alp, die überall in den Bergen liegen mag, eine merkwürdige Geschichte. Xaver, der Senn, war erst vor kurzem mitsamt einer Herde von Jungtieren dort angekommen. Die Sonne schien. Die Schafe und Lämmer, die Ziegen und Zicklein - zwanzig an der Zahl - standen bis zum Bauch im Gras und fraßen die frischen Halme und Kräuter. Die werden euch, die ihr im Stall geboren seid, groß und stark machen, dachte der Senn. Auch dem Zicklein vom Mühlbauern, das beim Auftrieb immer ein wenig hinter der Herde zurückgeblieben war, würden die Kräuter gut tun.
Der Senn wollte sich gerade in die kleine Hütte zurückziehen, als er dicht unter der Alp einen Motor aufheulen hörte. Mit einem Tempo, bei dem die Kieselsteine auf dem befestigten Weg unter den Rädern wegstoben, näherte sich ein Jeep.
Der Viehdoktor, erkannte der Sepp, und sah dem Ankommenden neugierig entgegen.
„Ist was passiert?", fragte er.
„Im Dorf ist die Seuche ausgebrochen. Alle Tiere sind bereits getötet."
„Alle? Waren denn alle krank?"
„Nein, nur der Ziegenbock vom Mühlbauern. Aber du weißt ja, Senn, wenn ein Tier krank ist, müssen alle sterben. Also, damit du's weißt, morgen in aller Frühe komm' ich und spritze. Die Entsorgung wird von Leuten aus der Kreisstadt gemacht. Halt' dich und deine Viecher bereit."
Als der Viehdoktor in einer Staubwolke talwärts verschwunden war, setzte sich der Senn erst einmal zu den Tieren ins Gras. Die Seuche hatte immer mal das Küha-Tal heimgesucht, zuletzt anno 1976. Damals waren zwei Tiere gestorben, alle anderen hatten überlebt.
Sepps Augen glitten über die weidende Herde und blieben beim Zicklein vom Mühlbauern hängen. Die Adelheid, dachte er, da schau ich mal nach. Die lag als einziges Tier im Gras. Er ging zum Zicklein und sah sich Pfoten und Maul an. Er entdeckte Bläschen, aber die waren noch sehr frisch und klein.
„Keine Angst, Adelheid, das kurieren wir schon. Hier heroben wachsen alle Kräuter, die man dazu braucht. Ich mach einen Brei und wickle ihn mit einem Fetzen Stoff um deine Pfoten." Nachdem er die Adelheid versorgt hatte, hockte er sich auf die Bank vor der Sennhütte und grummelte vor sich hin. „Nein!

Tiere töten, nur weil sie krank sein könnten. Das gibt`s hier heroben nicht. Aber was kann ich schon tun? Die Obrigkeit hat einen langen Arm."

Lange dachte der Senn nach. Mehrfach schüttelte er den Kopf, wog er ihn hin und her, dann schlug es bei ihm ein. Er sprang auf und rannte, den Tieren zurufend, ruhig zu bleiben, talwärts.

Als ob es um Leben und Tod ginge, raste der Viehdoktor am anderen Morgen die Bergwege empor. Kein Schwänzlein durfte übrig bleiben, das stand fest. Er war entschlossen, seine Pflicht zu tun. Auf der Alp angekommen, blieb ihm der Mund vor Überraschung offen stehen. Statt der friedlich fressenden Tiere gab es nichts zu sehen als Gräser und Kräuter. Nur die von Fliegen umschwärmten Kothäufchen zeugten davon, dass hier einmal Tiere waren. Der Viehdoktor riss seinen Feldstecher vom Haken und begann das Alpgebiet abzusuchen. Aber obwohl er kein Fleckchen ausließ, fand er weder den Senn noch die Tiere. Kopfschüttelnd rief er das zuständige Veterinäramt der Kreisstadt an und schilderte den Vorfall.

„Eine Herde von zwanzig Tieren kann sich nicht in Luft auflösen", befand der Oberveterinär. „Sie haben vielleicht ein bisschen zu viel Almrausch genossen, Kollege." Mürrisch begann der Viehdoktor erneut zu suchen, was nicht mehr da war. Nach einer halben Stunde rief er erneut beim Oberveterinär an: „Wie schon gesagt: Weder der Senn noch seine zwanzig Tiere sind auf der Küha-Alp. Hier geht was nicht mit rechten Dingen zu", schloss er.

„Ich schicke einen Hubschrauber der Bergwacht. Bleiben Sie, wo Sie sind", ordnete der Oberveterinär an. Kurz darauf knatterte ein Hubschrauber über den Berg. Dicht über den Boden fliegend suchte er Kamm um Kamm, Mulde um Mulde ab. Vergebens.

Die Mitteilung des Hubschrauberpiloten an die Bergwacht lautete: „Suche erfolglos abgebrochen. Senn und Herde wie vom Erdboden verschwunden. Auch in der Kluft kein Lebenszeichen." Die Bergwacht gab die Meldung sofort an das Veterinäramt und den Bergboten, die regionale Zeitung, weiter. Auch im Dorf verbreitete sich nach der Rückkehr des Viehdoktors die Kunde in Windeseile. Noch am gleichen Abend rief der Pfarrer seine Schäflein zur Bittandacht in die Kirche. Alle kamen, denn alle waren auf die eine oder andere Weise mit dem Vorfall verbunden.

Beim nachkirchlichen Schoppen im Dorfkrug brodelte die Gerüchteküche und die Vermutungen wurden mit jedem Maß Bier abenteuerlicher. Als dann der Stoffel, der beste Freund des verschwundenen Senn, mit einem Augenaufschlag andeutete, dass der Heilige Stoffel (Christopherus) seine Hand im Spiel habe, da wuchs die Fantasie der Dörfler ins Himmlische. Die Presse ließ sich den Fall nicht entgehen. In großen Lettern stand am nächsten Morgen im Bergboten: Ein Wunder im Küha-Tal?

In den Wochen darauf wurde der Vorfall in der Zeitung von allen Seiten beleuchtet. Aber außer Vermutungen kam nichts Handfestes ans Licht. Nach und nach wurde es dann ruhig um den Fall. Als drei Monate später die Zeit der herbstlichen Alp-Abtriebe gekommen war, hörte man Glockengeläut, das es eigentlich nicht geben durfte, denn da es keine Herde mehr gab, konnte jetzt auch keine herabgetrieben werden.

Dennoch wurde das Geläut lauter und lauter und es waren zwischen den dunkel- und mitteltönigen Klängen deutlich die feinen, hellen Klingeleien zu erkennen.

Alle im Dorf hatten es gehört und liefen auf den Kirchplatz, wo traditionell der Viehabtrieb sein Ende hatte.

Dann geschah es: Um die letzte Wegschleife vor dem Platz bog jetzt die Herde. Vornweg der Xaver-Senn. Links hinter ihm die Riesengeis vom Mühlbauern, rechts hinter ihm der Schafbock des Würdabauern, und hinter beiden liefen die Tiere, die seinerzeit als Zicklein und Lämmlein bergwärts gezogen waren. Groß und stark kehrten sie zurück. Der Senn führte die Herde auf den Kirchplatz, hob seinen Hirtenstab und sprach mit feierlicher Stimme: „Zwanzig Tiere vertrautet ihr mir an, Leut, zwanzig Tiere bring ich euch zurück. Und nun lasst die Glocken läuten, dem Heiligen Stoffel zu Ehren.“

Hartnäckig schwieg der Senn auf alle Fragen. Erst als er merkte, dass insbesondere die Kinder ihn für einen seltsamen Kauz hielten, der das Unerklärbare mit Geschichten vom Heiligen Christopherus zu erklären versuchte, begann er zu erzählen. Scheibchen für Scheibchen kam er mit der Wahrheit heraus. Aber in jeder steckte so viel Unwahres, dass es in Wirklichkeit nie so hätte sein können.

Zum Glück gab es zwei Zeugen, die damals auf der Alp dabei waren: der Stoffelbauer und sein Esel. Dem Esel missfiel einiges an den Geschichten des Senn. Vor allem, dass nur vom Heiligen Stoffel die Rede war, während er, der Esel, genauso viel zum Gelingen beigetragen hatte. Er war es schließlich, der beim Abseilen der Herde in die Kluft das Seil gezogen hatte. Vielmals. Der Heilige Stoffel aber hatte nur - mit seinem Kopf fast an die Wolken reichend - breitbeinig über den beiden auseinander klaffenden Felswänden gestanden,

während das von ihm, dem Esel, gezogene Seil durch seine Hände glitt.
Auch der Stoffelbauer sah in den Erzählungen des Senn sein Licht unter den Scheffel gestellt. Einmal war er, der Stoffel, der Namensvetter des Heiligen Christopherus, und zum anderen hatte sein Bittgesuch an den Heiligen dazu geführt, dass er zur Hilfe gekommen war, als es galt, die Zicken und Lämmer vor dem Tod zu retten.
Für diejenigen, die alles genau wissen müssen, sei auch noch auf jene Möglichkeit hingewiesen: Der Senn und der Stoffel bauten eine kühne Seilkonstruktion, die einerseits zur Überbrückung der Kluft, andererseits zum Herablassen der Herde und des Senns diente - eine Konstruktion, die schnell montiert und noch schneller demontiert werden konnte, ohne eine Spur zu hinterlassen.

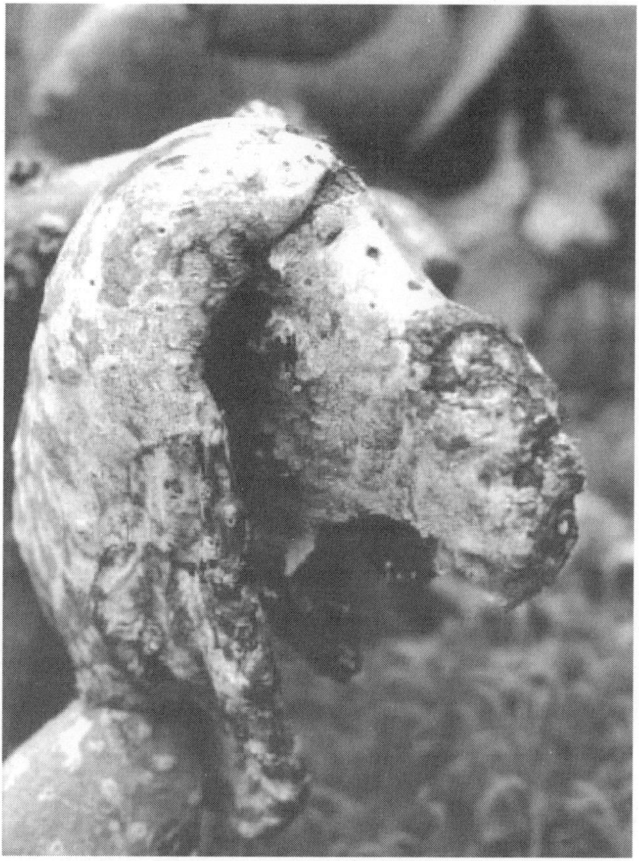

Die Stunde der Äffin

Wie so oft saßen sie vor dem Haus, um sich Geschichten von Mensch und Tier zu erzählen. Heute war die Stunde der Äffin Cisca. Sie richtete sich auf, hob den rechten Arm und begann: „Nicht nur die Ratten, auch wir Affen haben eine Weissagung. Wie ihr alle wisst, sind Affe und Mensch miteinander verwandt. Doch welch tiefe Kluft liegt zwischen uns. Begegnen wir uns, erschrecken wir tief. Sprachlos starren wir uns an, wie Feinde, die sich voreinander hüten müssen."
„Ich weiß, was du meinst", unterbrach der Mann die Äffin. „Als ich ein Junge war, trieb mich meine Neugierde in einen Zoo. Ich wollte einen Affen sehen, den Affen der Affen, den Gorilla. Neugierig ging ich in das Affenhaus. Im Gebäude herrschte Grabesstille. Der Wärter sagte, alle Tiere seien weggestorben. Nur eins lebe noch. Ich fand das Tier. Es stand im Dunkel eines Käfigs, hielt sich an den Gitterstäben fest und wiegte den mächtigen Körper in weiten Schwüngen hin und her. Vorsichtig ging ich auf den Gorilla zu. Die schwarzbehaarte Gestalt machte mir Angst. Etwas Bedrohendes, Finsteres drang auf mich ein. Im faltigen Gebirge des Gesichts fand ich die Augen. Meine Angst rettete sich in sie hinein. ... Wir sahen uns an. Sekundenlang spürte ich, dass wir uns kennen. Ich schloss die Augen, um der geheimnisvollen Tiefe in den Augen zu entgehen. Als ich die Augen wieder öffnete, lag der Blick des Affen immer noch auf mir. Aber er sah durch mich hindurch, so, als ob ich nicht mehr da sei. Langsam drehte er sich um und schwang sich lautlos in die entfernteste der Ecken. In sich versunken saß er da auf einem Ast. Obwohl ich ihn mehrfach rief, nahm er keine Notiz von mir. So war das damals", schloss der Mann.
Die Äffin nahm ihre Erzählung wieder auf. „Niemals wird ein Affe wie ein Mensch sein. Das sagte schon die Weiseste der Ratten. Das mag stimmen. Doch gibt es etwas in uns, was uns umtreibt, unruhig macht. Es ist die Sehnsucht nach dem Licht, das ihr Menschen habt. Seit jeher drängt es uns, in dieses Licht zu kommen. Wir spüren, wie es in uns arbeitet. Das Dunkel in den Köpfen will heraus, doch der Schädel hält es fest. Blitze zucken, doch sie sind so grell, dass sie uns blenden. Dennoch brennt die Sehnsucht in uns fort. Bei Vollmond feiern wie das Fest der Hoffnung. Wir beschwören dann den Lichttraum. Drei Nächte trommeln wir die Sehnsucht aus uns heraus und tanzen bis zum Umfallen. In der dritten Nacht beschwört der Stammesälteste die Weis-

sagung, die überliefert ist. Eines Tages werden wir die Dunkelheit verlassen, heißt es. Die Zeichen mehren sich, dass es bald so weit ist."

Der Traum des Affen

Die Äffin Cisca ließ den Arm sinken und sah in die Runde.
Erinnert ihr euch an die Zeit, als Mensch und Tier zusammenlebten? Damals war Adam alleine - ohne Frau und Kind. Als er sah, wie die Affenkinder, umsorgt von Vater und Mutter, spielten, spürte er, dass ihm etwas fehlte. Er grübelte darüber nach, warum er dazu verdammt war, als einziges Lebewesen allein und einsam zu leben. Abends hockte er am Wasser und betrachtete traurig sein Ebenbild. Wir Affen spürten, wie verzweifelt Adam war und dachten nach, wie wir ihm helfen könnten. Da hatte einer der Weisen die Erleuchtung. Er rief den Stamm zusammen und erzählte, was er im Geist gesehen hatte: Wir paaren Adam mit einer Äffin. Damit wird der Traum vom Licht wahr. Adam gibt uns das Licht.
Wir suchten unter vielen Äffinnen die Schönste aus. Es war Leila. Leila bereitete sich gewissenhaft auf die Vermählung vor. Sie folgte Adam wie ein Schatten, lernte seine Gewohnheiten kennen und fand seine Lieblingsspeisen heraus. Selbst seinen Schlaf belauschte sie.
Aufrecht schreitend, wie sie es gelernt hatte, ging sie zu Adam. Das war am Tage der Begegnung. Wie immer saß der Mensch am Wasser und starrte in sein Spiegelbild. Leila beugte sich über ihn. Ihr Spiegelbild entfaltete sich neben seinem. Leila lächelte mit dem Liebreiz einer jungen Äffin und wartete auf ein Zeichen Adams. Doch was geschah? Adams Gesicht verfinsterte sich. Er nahm einen Stein und warf ihn in das Bild im Wasser. Es zersprang in tausend Stücke. Dann stand er auf, spuckte Leila ins Gesicht und sagte leise, denn der VATER sollte es nicht hören: Weiche von mir, Affenweib.
Doch der VATER hörte es. Auch wir Affen hörten es und erschraken. Leila sank vor Scham zu Boden und umklammerte demütig die Beine Adams. Doch er verstieß sie noch einmal. Leila hatte Angst, zu ihrem Stamm zurückzukehren. Sie hatte ja den Traum vom Licht zerstört. Seitdem lebte sie in der Nähe des Menschen.
Von Mond zu Mond wurde Adam unruhiger. Tagsüber streifte er durchs Paradies, abends kam er müde in die Höhle, nachts wälzte er sich auf dem Lager hin und her. Es kam die Nacht, in der er mit dem VATER haderte. Er stellte sich ins fahle Mondlicht, reckte den Kopf nach oben und brüllte: VATER, höre mich! Alle haben Frau und Kind. Der Affe wie der Hund, der Stier wie der

Esel, der Löwe wie der Adler, die Ratte wie die Fliege. Auch alle Bäume und Gräser pflanzen sich fort. Was habe ich getan, dass du mich verdammst, allein zu leben? Sag, VATER, was? Gib mir eine Frau.
Warte eine kleine Weile, sagte der VATER versöhnlich. Da warf sich Adam auf den Boden und schluchzte ins Gras. Noch in der gleichen Nacht ließ der VATER Adam in tiefen Schlaf fallen und legte eine Frau an seine Seite. Auch die Frau schlief. Bei Morgengrauen wurde Adam wach. Er spürte Fremdes neben sich. Erschreckt warf er sich herum und stürzte sich darauf.
Dann dämmerte es Adam. Sein Mund verzog sich zu einem breiten Grinsen, seine Augen wurden friedlich, mit brummender Stimme sagte er: „Du bist es. Ja, du bist es. Die Frau, die der VATER mir versprach. Dann löste er sich aus der Umklammerung und sagte auf sich zeigend: Ich bin Adam. Du bist meine Frau.“ „Ich heiße Eva“, sagte die Frau.
„Bitte, erzähle mir was von Eva“, bat Claudia die Äffin. „Wie sah sie aus?“
„Ihre Hüften waren breit, um leicht Kinder zu kriegen. Ihr Bauch wölbte sich rund, ihre Brust war geschaffen zum Säugen. Wäre nicht jenes Andere gewesen, wir hätten sie als eine besonders schöne Äffin in unseren Stamm aufgenommen.“
„Erzähle mehr“, bettelte Claudia.
... Sie konnte vieles. Aber immer wollte sie noch mehr. Wir sahen, wie sie das Schwingen in den Bäumen übte. Aber immer wieder plumpste sie auf die Erde. Als sie den Adler in der Luft sah, wollte sie fliegen. Sie rannte, die Arme schwingend, bergabwärts. Doch der Boden hielt sie fest. Sie versuchte wie ein Fisch zu schwimmen. Doch im Wasser sank sie wie ein Stein. Warum nur, Claudia, wollte sie immer mehr? Sie hatte doch so vieles mitbekommen. Vieles, was ich verstand. Vieles, was mir rätselhaft blieb. Was ist das, was ich nicht begreifen kann, Claudia?“
Lange wiegte die Äffin Cisca nachdenklich ihren Kopf. Sie schien weit weg zu sein. Der Mann versuchte sie in die Runde der Erzähler zurückzuholen. „Hallo, Cisca“, sagte er. „Von Eva hast du viel erzählt, nicht aber von Adam.“
„Sag das nicht, Mann“, sagte Cisca und erzählte. ...
Immer und überall spielte Adam die Hauptrolle: beim Esel, beim Hund, bei der Katze, bei der Ratte, beim Stier, beim Affen. Hast du das nicht bemerkt, Mann? Auch das letzte große Fest im Paradies war Adams Werk.
Er war es, der den Einfall hatte. Er war es, der den VATER dazu einlud und uns Tiere. Aber auch Eva spielte ihre Rolle. Uner-müdlich war sie unterwegs, über-

legte, plante, suchte Tiere auf, tat alles, damit das Fest auch schön und würdevoll werde.
Sie ging zum Pfau und sprach mit ihm. Sie ging zur Purpur-Rose und flüsterte mit ihr. Sie ging zur Seidenraupe und zeichnete mit dem Finger ein Muster in den Sand. Sie ging zur Nachtigall und bat sie, eine Melodie zu ersinnen. Sie ging zum See und sprach mit einem Tauchervogel. Sie ging zur Schlange und redete lange auf sie ein. Es war alles sehr geheimnisvoll.
Das Fest begann, als hüben die Sonne unterging und drüben der Mond aufstieg.
An einer riesengroßen Tafel aus Steinen hatten Adam und die Seinen Platz genommen. Davor lagerten die eingeladenen Tiere, die aus den Wäldern, Höhlen, Schluchten, Bergen gekommen waren, um den VATER zu sehen. Unterhalb der Höhle - im Tal - waren die Rinder, Esel, Schafe, Ziegen und Schweine eingepfercht. Als Mensch und Tier versammelt waren, blies Adam in das Horn. Stille trat ein. Alle erwarteten den großen Augenblick. Aber nicht der VATER erschien, sondern Eva. Sie war prachtvoll anzusehen. Ihre Haare waren hochgesteckt wie eine Baumkrone. Sie war geziert mit Federn, die der Pfau gestiftet hatte. Um die Lenden schmiegte sich ein Tuchgespinst, von Seidenraupen gewirkt. Den Bauchnabel zierte eine leuchtende Perle, die der Tauchervogel vom Grund des Sees geholt hatte. Wie lebendiger Schmuck wand sich eine Riesenschlange von den Lenden aus zum Rücken und zum Hals.
Als Eva in die Hände klatschte, begannen die Vögel im Chor zu zwitschern. Adam erhob sich, breitete seine Arme aus und rief: „Komm VATER.“ Da geschah es: Eine Kuppel wölbte sich über die Erde. Sie war gebildet aus den Formen des Lebens und geziert mit den Farben der Natur. Gebannt starrten Mensch und Tier empor. Eine gewaltige Stimme füllte die Kuppel - die Stimme des VATERS. In allen Zungen verkündete sie die Botschaft und Mensch und Tier verstanden sie.
„Es gibt kein Paradies mehr“, verkündete die Stimme. „Jedwedes Lebewesen gehe von nun an seinen eigenen Weg und jedes sei auf der Hut.“ Während die Menschen zu Salzsäulen erstarrten, kam in die Schar der Tiere Bewegung. Die Schlange löste sich von Evas Leib und glitt davon. Der Vogel-Chor verstummte, und alles, was Flügel hatte, schwirrte aufgeschrecktin die Luft. Die Löwen, Tiger und andere Raubkatzen jagten mit großen Sprüngen davon. Die Hufe der Wildpferde, Antilopen und Zebras ließen die Erde erzittern. Gelassen entfernten sich die gewaltigen Leiber der Ele-fanten. Als Letzte zogen sich die

Affen zurück. Im Tal versuchten die eingepferchten Rinder, Esel, Schweine, Ziegen und Schafe zu fliehen. Vergeblich rannten sie gegen die Mauern und brüllten ihre Pein heraus.
„Und Adam“, fragte der Mann beklommen, „was tat Adam?“
„Er kehrte zum Alltag zurück“, antwortete die Äffin. „Doch wenn du mehr wissen willst, dann frag nicht mich, frag ihn. Schließlich bist du Adams Sohn.“

Nachwort: Das Projekt fiftyfifty

Neue Formen bürgerschaftlichen Engagements
Redebeitrag von Franziskanerbruder Matthäus Werner, Schirmherr von fiftyfifty, anlässlich eines Kongresses der Landesregierung NRW 2000

Im Mittelalter war die Fürsorge für Arme fester Bestandteil der Rechtfertigungslehre. Der Reiche konnte durch Almosen einen Anteil am Himmel erwerben. Nachdem Hungersnöte und soziale Katastrophen das Heer der Hilfsbedürftigen vergrößerten, wurde die Bettelei systematisch kriminalisiert und verfolgt. Noch heute hat caritative Nächstenliebe eine Art Ablassfunktion. Der Helfende beruhigt sein Gewissen und rechtfertigt seinen eigenen Wohlstand mit Spenden.
fiftyfifty geht in der Akquise von Spenden und der Beteiligung von Bürgerinnen und Bürgern an mildtätigen Projekten neue Wege. Die Idee „Obdachlose helfen sich selbst“ wird mit exakt jenen Methoden kommuniziert, die auch ein Markenartikler für seine Produkte einsetzt. Denn die moderne Mediengesellschaft hat eigene (freilich auch kritikwürdige) Kommunikationsmittel entwickelt, die Botschaften auf drastische Weise via Plakat, Zeitung, Funk und Fernsehen vermitteln. Zur Verbreitung des Anliegens der Obdachlosenhilfe fiftyfifty werden in erheblichem Maße die modernen Kommunikationsmittel genutzt. Hierüber lässt sich eine breit angelegte Partizipation von Bürgerinnen und Bürgern erreichen.
Auch das eigene Medium, die Straßenzeitung fiftyfifty, wird zur Vermarktung der Idee des Teilens genutzt. Dabei wurde das Produkt selbst als Markenartikel in vielen Städten der Region eingeführt. Die monatliche Gesamtauflage beträgt mittlerweile knapp 40.000, das Projekt arbeitet kostendeckend. In den sechs Jahren der Existenz von fiftyfifty wurden über drei Mio. Zeitungen abgesetzt, über drei Mio. Kontakte zwischen Menschen mit und ohne Wohnung hergestellt. Der Verkauf von fiftyfifty hat für die Betroffenen eine stabilisierende und oftmals rehabilitierende Wirkung und bietet für Kundinnen und Kunden die Möglichkeit, begrenzte Verantwortung zu übernehmen.
Gleichzeitig erhalten Bürgerinnen und Bürger immer wieder die Möglichkeit, sich auch politisch zu beteiligen. Eine Kampagne, die die Einführung eines kostengünstigen Sozialhilfetickets forderte, erbrachte über 2.000 Unterschriften,

ebenso eine von fiftyfifty verbreitete „Ökumenische Erklärung“ für Toleranz und Nächstenliebe gegenüber Obdachlosen.

Eine besondere Form des bürgerschaftlichen Engagements stellen die Hilfsprojekte von fiftyfifty und der Ordensgemeinschaft der Armen-Brüder dar. Auch hier werden probate, moderne Kommunikationsmittel genutzt. Regelmäßig zu Weihnachten erscheinen in hoher Auflage Sonderdrucke, in denen auch Benefizwerke großer zeitgenössischer Künstler wie Günther Uecker und Jörg Immendorff angeboten werden. Namhafte Literaten wie Robert Gernhardt, Günter Kunert, Elfriede Jelinek oder Hanns-Dieter Hüsch haben Textbeiträge für fiftyfifty beigesteuert, desgleichen bekannte Persönlichkeiten des öffentlichen Lebens wie Paul Spiegel, Zentralratsvorsitzender der Juden in Deutschland, Marion Gräfin Dönhoff, Herausgeberin der ZEIT sowie Bundespräsident Johannes Rau.

Regelmäßig werden die Erkenntnisse aus dem Bereich des Direktmarketings professionell umgesetzt. Über 15.000 Spenderinnen und Spender erhalten fünf Mal im Jahr eine Aufforderung zum Engagement. In den sechs Jahren seiner Existenz konnte fiftyfifty über vier Mio. Mark akquirieren. Das Geld ist u. a. in sieben Bauprojekte und eine Wohnraumbörse der Ordensgemeinschaft geflossen, die damit Unterkunft für fast 2.000 Betroffene geschaffen bzw. vermittelt hat. Am Franziskanerkloster in der Düsseldorfer Innenstadt wurde ein Speisezimmer eingerichtet, in dem jeden Tag auf ehrenamtlicher Basis bis zu 200 Mahlzeiten an Bedürftige ausgegeben werden. Der Erfolg der Arbeit wird regelmäßig über die Medien und Direktmailing-Aktionen kommuniziert.

Ein besonders wichtiges Mittel zur Erschließung neuer Zielgruppen sind Benefizarbeiten großer Künstler. fiftyfifty legt jedes Jahr zusammen mit einem namhaften Künstler eine Armbanduhr sowie einen Kunstdruck auf, die in hoher Auflage verkauft werden. Auf diese Weise wurden im Jahr 2000 nicht nur über 300.000 Mark umgesetzt, sondern auch kunstinteressierte, gehobene Zielgruppen angesprochen, die sonst für die Idee fiftyfifty nur schwer zugänglich wären. Der Versandshop ist mithin ein betriebswirtschaftlicher Beitrag zur Deckung der Gemeinkosten, der Spendenakquise und der Zielgruppenerschließung. Das Marketing-Konzept lautet: Große Kunst für kleines Geld als Hilfe für Obdachlose.

Spendenkonto: asphalt e. V./fiftyfifty, Postbank Essen (BLZ 36010043) Kto.-Nr. 539661-431. Weitere Infos unter 0211/9216284.

Die Kunst zu helfen

fiftyfifty bietet ein interessantes Programm zeitgemäßer moderner Kunst. Der Reinerlös kommt der Obdachlosenhilfe zugute. Viele weitere Angebote unter www.fiftyfifty-galerie.de oder unter 0211/9216284.

Weitere Künstler bei fiftyfifty (u. a.): Bert Gerresheim, Imi Knoebel, Hermann-Josef Kuhna, Peter Royen, Fritz Schwegler, Katharina Sieverding, Norbert Thomas

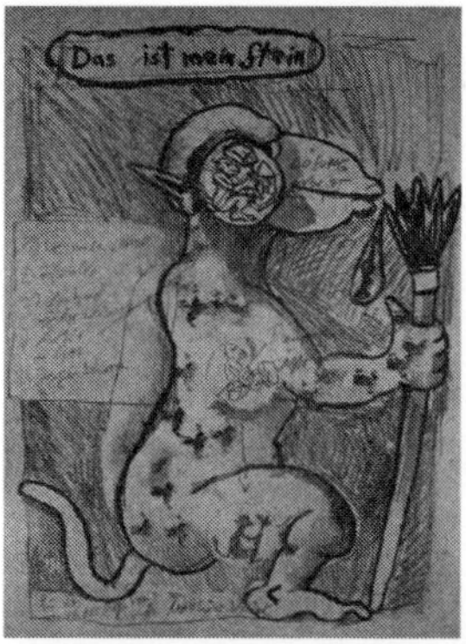

Jörg Immendorff, Offset-Litho 1995, 150 Euro

Felix Droese, Handabzug 2000, 130 Euro

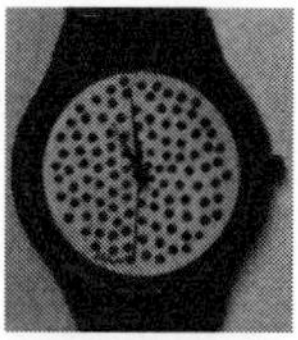

Uecker-Uhr 140 Euro

O. Alt-Uhr 50 Euro

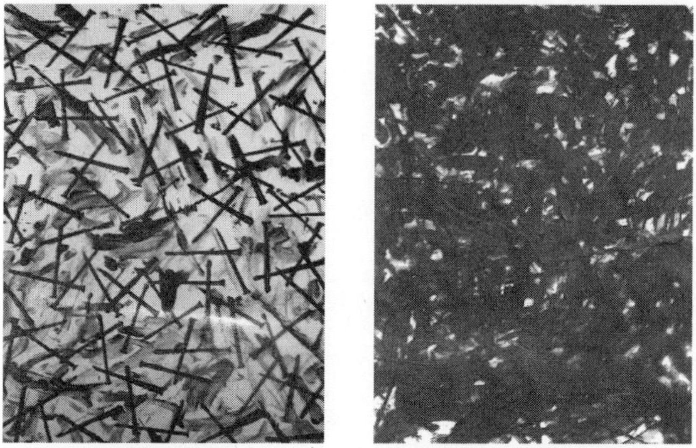

Günther Uecker, Offset-Litho 2000, je 220 Euro, im Set nur 400 Euro

Kurt Dörpinghaus, Original, 750 Euro

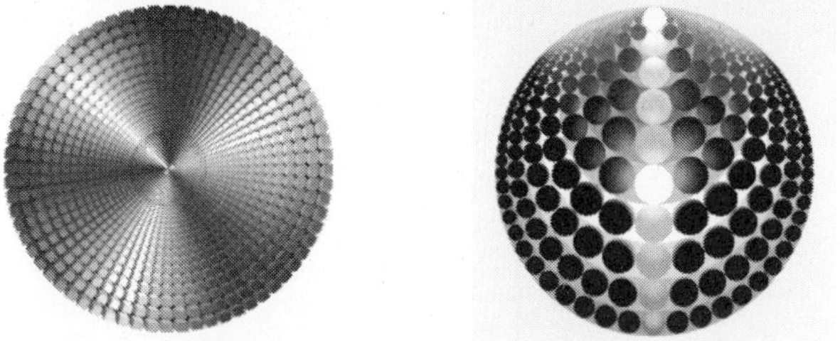

Alexander Koewius, L-Print, Set (2 Bilder), nur 90 Euro

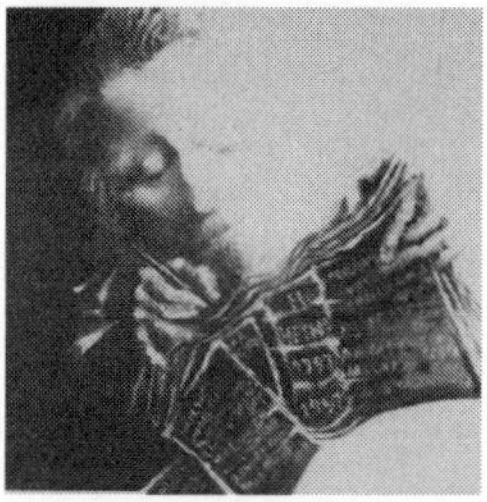

Bruno Stane-Grill, Offs.-Litho, 150 Euro